suncolor

suncolor

The Hacker Mindset

系統之鬼

頂尖駭客 CEO 戰勝系統的 6 大原則，
帶你突破常規，收穫人生選擇自由

加勒特．吉 Garrett Gee —— 著　姚怡平 —— 譯

A 5-Step Methodology for Cracking the System and Achieving Your Dreams

suncolor
三采文化

各界好評

無論你是否擁有電腦科學學位、是不是 Unix 命令列鬼才，本書都會改變你的人生。加勒特以出色的手法汲取駭客精通的電腦技能與準則，並教導讀者如何善加運用，打造豐富的人生、富足的事業，以及動態的人際網絡。大力推薦！

——安德魯．尤德里安（Andrew Youderian），eCommerceFuel 創辦人

運用加勒特傳授的多種工具與技巧，對人生進行逆向工程，你會達到超乎想像的成就。憑藉書中的知識，你就能將駭客心態應用到生活中，打造想要的人生。

——吉姆．王（Jim Wang），WalletHacks.com 撰稿人

若想把敏捷又創新的駭客心態應用到人生、工作，以及介於兩者之間的任何事物上，加勒特的《系統之鬼》絕對能讓你信服。

——彼得・金（Peter Kim），《The Hacker Playbook 中文版：滲透測試實戰》系列作者

《系統之鬼》重新詮釋生產力的根基，相當觸動人心。加勒特把錯綜複雜的駭客策略，編織成今日常更高效的成品，同為作家，我深感敬佩。

——彼得・霍林斯（Peter Hollins），國際暢銷作家

如果有人渴望改變自身現況，希望運用不同的方法獲得成功，那麼一定要讀加勒特的《系統之鬼》。

——伊恩・蕭恩（Ian Schoen），Dynamite Circle 共同創辦人

商界領袖若想在解決問題與創意思考上獲得新穎的觀點，加勒特・吉的《系統之鬼》是必讀之作。

——安德魯・赫頓（Andrew Hutton），Day One 創辦人、新創建設家

獻給世界上的未來駭客們

獻給梅蘭妮（Melanie）、萊恩（Ryan）、
史黛芙妮（Stephanie）、莎曼莎（Samantha）、
艾希莉（Ashley）、柔伊（Zoe）、歐文（Owen）

CONTENTS

PART 3

駭客心態的應用

推薦序

換個視角，解鎖一切可能

嗨，朋友們。

很開心能向大家介紹《系統之鬼》，這本書徹底呼應了我對生產力與個人發展的熱情。它不是那種典型的技術性讀物，而是通用的指南，非常適合學生、專業人士、創業家，以及任何想要掌控自己生活的人。

加勒特把駭客的洞察力應用於日常挑戰，概念既新穎又引人深思。《系統之鬼》的主旨不是帶你破解電腦，而是破解人生。本書將帶領各位用駭客看待系統的視角來看待這個世界，抓住機會去了解、探索，充分發揮自身優勢。只要掌握這份洞察力，人生各個層面的效率和成就都會大幅提升。

《系統之鬼》涵蓋各式各樣的駭客主題，並將它們整合成一組工具。任何人都能透過這些工具，在生活中運用駭客視角。加勒特提供的多種策略與見解，例如逆向工程、資源利用、風險評估、社交工程等等，會改變各位應對人生挑戰和機遇時所採取的做法。他的觀念和我的座右銘「做得更聰明，而不僅僅是做得更努力」非常契合。

本質上，《系統之鬼》是破除尋常模式的指南，促使你改變思考方式、挑戰現狀，藉有別於以往的策略取得成就，而非停滯於「夠好」。強烈推薦給渴望提升自我表現，並踏上卓越之路者。

如果你準備好迎接挑戰、透過嶄新又令人興奮的鏡頭看待生活，那麼請開始採納駭客心態。你會看見各種可能性在眼前一一展開。

祝你們的駭客旅程一路順風。

——阿里・阿布達爾（Ali Abdaal）

《高效原力》作者、生產力專家、百萬 YouTuber

前言

我用駭客心態，成為人生勝利組

賈伯斯站在舞台上，一派輕鬆，雙手不經意地垂在身側，背後的大螢幕顯示蘋果標誌剪影。他的語速緩慢而自信，每一個字都清楚落在聽眾的心上。從他的雙眼就看得出來，他即將宣布重大消息。時值二〇〇七年一月，我來到麥金塔世界（Macworld）博覽會，坐在前排，等著聽賈伯斯的主題演講。我一邊漫不經心地玩著脖子掛繩上的貴賓證，一邊看著他吐露字句。

「今天這個日子，」他說：「我已經等了整整兩年半。」

周圍爆出歡呼聲，我跟著大家一起鼓掌。接著，賈伯斯講述蘋果以前開發的創新產品，此時歡呼聲又變得更大了。這股熱忱感染力十足，他逐一列舉各個產品的時候，我發現自己跟著其他人一起大聲呼喊。他談到麥金塔電腦與 iPod，然後聽眾席逐漸籠罩在一片沉默之中，我們全都在猜想，等一下要揭曉的創新產品是什麼。賈伯斯心知肚明，露出微笑，任由沉默的氣氛往外蔓延。

「一台 iPod，」他說：「一支手機，一部網際網路通訊器。」

他一而再、再而三反覆說著這幾個字，歡呼聲越來越大，最後大家才恍然大悟，他說的不是三種產品，而是一個產品。

最後，他提高嗓音——即便現場有巨大的呼喊聲和持續的掌聲，也聽得到他的聲音——緊接著說出來的話，消除了聽眾的所有疑慮。

「它們全都是同一台裝置，叫做 iPhone。」

聽眾席激動不已，發出喜悅的呼喊聲。記者衝向前方，捕捉這經典的一刻，無數攝影閃光燈照亮舞台。那一刻，我望向周遭的情景。我附近坐著蘋果高階主管與一流業界人士；各大媒體的記者和攝影師擠成一團、排在場地兩側；在場地遙遠的另一端，果粉摩肩擦踵地站著，目光緊緊跟隨舞台上的賈伯斯。

另外還有我，我既不是蘋果高階主管，也不是科技圈領袖。我不是媒體的一分子，甚至也稱不上果粉。我旁邊的聽眾，有些人是付了一大筆錢才得以進入博覽會，而我其實一毛錢都沒付。儘管如此，我還是在這裡，坐在前排。我有生之年最重要的科技產品即將揭曉，而我脖子上的貴賓證可以證實我的身分。

我是怎麼進去那裡的？其實很簡單，幾個月前，我和某位研究夥伴發現 Macworld 網站有個漏洞，只要駭進系統，就能輕鬆取得最高等級的通行證，免費參加這場活動。我們把前排票券發給自己，暗自竊喜，心想參加這場活動一定很好玩。

於是我來到現場，跟蘋果高層聊得很開心。我很清楚，我可以駭進任何網站，參加任何活動。我看著賈伯斯穿著招牌高領毛衣在舞台上走來走去，覺得自己是世界之王……也許我早該知道那種感覺不會長久。我離開活動，回到正職工作，不由得開始想：我真的贏了嗎？沒錯，我駭進了 Macworld，跟科技業大老坐在一起，但我不像他們那樣領著百萬美元的薪資。

接下來幾個星期，這些想法在我的腦袋裡竄來竄去，幾乎讓我崩潰。雖然當時我的工作相當不錯，但要是說我對自己所處的位置很滿意，那就是在說謊了。我很聰明、很有才華，我跟外面的任何駭客一樣優秀，但一領到薪水就會發現，我的能力被大幅低估。我到底怎麼了？我能駭進 Macworld 的系統，把自己弄進博覽會，觀賞 iPhone 發表會，職涯生活卻始終平庸無奇。怎麼會這樣？我是怎麼陷入這樣的困境？

我花了好幾年，才得以回答這些問題。

不想再當個零件

多數人一輩子都困在錯綜複雜的系統中，看不清自己的真實樣貌。企業、社會、政府就像是巨大的機器，而個人成為其中的零件，好比在機器裡頭，各個零件努力履行職務那樣。話雖如此，努力工作的最終結果還是取決於機器本身，而不是裡面的零件。

這個世界的系統非常複雜，甚至讓人有了自由選擇的錯覺。不同的途徑在人們眼前展開，比如一次潛在的升遷，或一份新的工作邀請。人們宛如置身於迷宮之中，但說來諷刺，這座迷宮竟沒有出路。機器的運作，是所有零件努力邁向目標的結果。無論個人踏上哪一條途徑，只要還困在機器內部，就無法更接近自己的目標。

我的情況正是如此。十五歲時，我在兩位老師的推薦下獲得桑迪亞國家實驗室（Sandia National Laboratories，聯邦資助的研究實驗室）的工作邀請。在我看來，想都不用想，一定要接受。我的家人幾乎都在公共服務機關工作，大家都覺得那份工作穩定又可靠，實驗室離我的住處只有三十分鐘車程，這點也很棒。於是我決定接受邀請。辦公室裡全都是博士畢業生和電腦天才，負責從零開始建立網路安全產業。很有意思吧？其他十五歲的孩子都在忙著玩尪仔標和打電動，我卻成為科技先驅。我是名副其實的天才男孩。二〇〇〇年，新聞節目《60分鐘》的工作人員飛到加州訪問我，我後來以駭客專家的身分出現在美國國家電視台，名氣與財富似乎就在家門前。

原本應該是這樣才對。不過，隨著年歲流逝，隨著我在事業上有所進展，我越來越覺得自己被困在原地。後來，我離開國家實驗室，替聯邦準備銀行工作。我的內心深處開始意識到有地方出了差錯。我的工作很有意思，甚至算是有開創性，但我越來越清楚，我只不過是個普通員工，領著一個月又一個月的薪水。

在職場，我沒有太多向上成長的空間，雖然有升遷制度，我也確實升遷了幾次，但這些升遷無法真正大幅改變我的人生狀態。我變得更資深，薪資漲了一點，但實際上，我還是對著同一塊老舊的磨石，辛勤做著苦工。從我的事業發展來看，我已經到達報酬遞減的位置——不管我付出多少努力，把工作做得再出色，也拿不到對我而言「足夠」的薪水。我做出的真正成果，被聯邦準備銀行收割走了，我拿不到。

我簡直就是模範員工，努力工作，表現超乎預期，賺取報酬，努力從每個月的薪水存一點錢下來。我是美國的職業道德完人，是「懂事」的勞工榜樣。可是，當我以更寬廣的視角去看待自己的人生，卻不由得想問：「我到底在做什麼？」工作、賺錢、存錢、工作、賺錢、存錢……就這樣周而復始地推著自己邁向舒適又平凡的退休生活。想到就快吐了。我才華洋溢，成就斐然，更是從零打造網路安全產業的一分子，但也不過就是機器裡的普通齒輪罷了。

這樣的想法在某天早上浮現。當時我正在開團隊會議，回答各種問題，任由熱咖啡放涼。我幾乎是在自動駕駛的狀態下工作。最後，我結束會議，喝了一口冷掉的咖啡，看著大家從我的辦公室魚貫而出。

真的就這樣了嗎？

這個念頭從我的腦海強行躍出，不容忽視。儘管我擁有強大的駭客實力，我還是對自己的人生狀態很不滿意。駭進 iPhone 重大發表會的多年後，我還是被困在原地。

我過的生活，是一名駭客該有的生活嗎？當時的我即將發現，答案是宏亮的「不」。然而，當個駭客到底是什麼意思？答案就在這本書裡。

我是這樣逃離機器的

大眾普遍認為，駭客是一個黑暗又帶有煽動性的職業。多數人一講到駭客，就立刻想像出一個陰暗的角色，躲在地下室，臉孔籠罩在電腦螢幕的綠光之下，像是《駭客任務》的尼歐與崔妮蒂，或「匿名者」（Anonymous）組織的無數成員，將真實身分隱藏在 V 怪客的面具底下。儘管這些駭客的形象過於具體且誇大，但也確實包含一個核心真理，亦是本書的中心主旨：

所謂的「駭」，就是操控系統，盡可能快速又有效地取得你想要的東西。

所謂的「駭」，就是找出你和目標之間有哪些阻礙，然後查明什麼方法能最快克服那些阻礙。雖然「駭」這個字在網路安全的脈絡下，操控的系統是電腦程式，但同樣的做法其實可以應用在更多領域。

回到我在聯邦準備銀行的辦公室。我沉思了一番，同時把冷掉的咖啡倒掉，重新煮了一杯熱咖啡。我在職涯中的所有技能與知識，可以用來操控系統，像當初駭進 Macworld 那樣。那麼，那些原則能不能應用在我自己的人生？

我思考著，同時感受到一股興奮從體內湧現出來。我只要了解電腦的基本系統，就能駭進電腦，而人生也處處是系統，只要了解生活中的基本系統，應對各個變化與規範，就能搭上通往成功的特快列車。於是，逃離機器的方式變得越來越具體。我可以選擇不繼續沿著迷宮提供的路徑走；我可以突破牆壁、爬過牆壁，逃離迷宮，打造自己的道路。

接下來幾個月，我讓腦海裡的想法逐漸成形，並以此作為基礎，在我所屬的既有產業創辦電子商務企業，名稱是「駭客倉庫」（Hacker Warehouse）。為期三天的產業活動，我以快閃店的形式測試這個商業模式，不到兩個小時，全部的庫存都賣光了。我在做的事情顯然獨一無二。那一刻，一切開始在我眼前展開。我把更多時間拿來創業，最後辭去正職工作，投入所有時間，終於做好準備，努力邁向目標，不用再處理那些被放在我面前的機器。

五年後，生意蒸蒸日上，營收達到一百萬美元，我搬到南加州一處別緻新穎的辦公室。我在業界頗具盛名，還獲邀參與《駭客軍團》（*Mr. Robot*）、《超感8人組》（*Sense8*）等影集。幾年前，我還只是個員工，管理十二人的團隊，賣命工作，賺取不多的薪資。如今，我已是成功的業主，一年賺進七位數，一星期只工作七小時。

最讓我吃驚的，不是我正在做的事情，而是我怎麼不早一點去做！

現在回想起來，一切其實都顯而易見，但是這麼多年來，我憑藉成功所需的全部技能辛勤工作，卻從未以正確的方式應用它們。我深陷於生活的機器中，看不見周遭的系統。如今，我睜開雙眼，成功之路清晰可見。既然我已成功把駭客心態應用到自己的人生，我也想要幫助別人做到。我想要把駭客原則展現給讀者們，向各位說明如何運用它，讓你們的人生步上成功的快速通道。

駭客心態就位以後，你就會看見各種可能性在眼前展開。駭客心態是什麼？讀下去就知道了！

本書的目標

在很多人眼裡，生活算是「夠好」了。他們靠工作賺到像樣的薪水，過著舒適的生活，還有什麼好追求的呢？然而對某些人來說，「夠好」等於「不夠好」。如果你發現自己符合這個描述，或如果你認為自己很聰明，想要學習如何戰勝周遭的系統，達到真正的成功，那麼這本書很適合你。

《系統之鬼》將幫助你經由以下三大階段追求目標：

❶ 你會學到駭客如何把這個世界看成有待戰勝的系統，在戰勝系統時又會展現哪些關鍵特性。這些洞察力與特性構成駭客心態，而你也能採用駭

客心態。

❷ 你會學到六大駭客原則，並且懂得運用駭客方法來實踐駭客原則。

❸ 你會學到如何把駭客心態應用到各種現實生活情境，例如職涯、商場、個人財務。

如果你覺得自己被困在生活中，本書會向你解釋如何脫離困境。如果你被困在一份無法鼓舞你的工作，本書會向你說明逃離的方法。如果你因人生毫無進展而灰心喪氣，本書會向你闡述如何往上飛升。

生活的機器，就是要讓人們覺得事情是「可接受的」。駭客心態會向你證明，你不用滿足於「可接受的」狀態。你可以走得更遠。

最後，進入正題之前，我想先聲明：書中的某些例子看起來可能不那麼「合乎道德標準」。駭客原則非常強大，運用它們的方式也很多。

網路安全領域就有各種類型的駭客，「黑帽駭客」會跨越道德界線，運用駭客能力，竊取寶貴的資訊，或向企業要求贖金；「道德駭客、白帽駭客」運用自身天賦，幫助企業保護自己，抵抗病毒攻擊；另外還有「網路牛仔」，他們非法侵入系統，只為了帶來混亂，讓每個人的生活變得更辛苦。他們都是駭客，都擁有同樣的技能組，卻選擇以截然不同的方式運用這些技能。

《系統之鬼》的主旨是提供必要的工具，幫助你操縱周遭的系統，判斷自己要做出哪些最佳決策，以利於邁向目標。身為講求道德操守的人，你可能不會使用這些技能來說謊、欺騙、竊取，藉此獲得成功，但最後要做出選擇的還是你自己。說到底，一切都歸結於尼爾．艾歐（Nir Eyal）說過的話（我個人很喜歡這句話）：「如果你無法用它行惡，它就不會是強大的力量。」

現在，我們來大駭一場吧。

PART

1

駭客心態

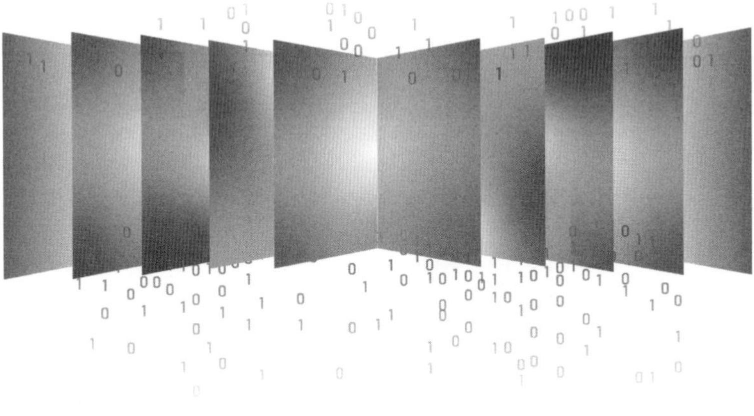

1 世界是由系統組成

一九九一年，某個晴朗的春季早晨，我和大約三百名同校小學生坐在操場的草地上。興奮的喧鬧聲從人群當中湧現，慢慢大聲起來。大家整個星期都在期待這一刻，熱情洋溢、喋喋不休的聊天聲自由流動。至於我，我保持沉默，不想顯露內心的情緒。

兩位老師和校長出現在前方豎立的講台上，他們拿著一個紅色大箱子，裡面裝滿黃色抽獎券。接著，他們隆重地把箱子放了下來。這個點子很單純，每一張抽獎券都寫著一名學生的名字。如果有學生展現出優良的品行，老師就會送他一張抽獎券，學生寫上自己的姓名，然後老師會把抽獎券放進箱子。接著，到了每一週的尾聲，他們會從箱子裡抽出一個姓名，由那個人贏得當週的獎品。

這是個相當巧妙的制度，學生表現越好，就有越多寫著自己姓名的抽獎券被放進箱子裡，贏得獎品的機會也就越高。但同時，只要有好的表現，任何人都有機會拿到獎品。這個獎勵制度的用意是呈現真實世界，也就是：努力總是會獲得回報，但也總是需要一點運氣來加強。結果，效果比老師預期的還要好多了。

校長舉起一隻手，我們立刻安靜下來。她短暫發言，強調這是很重要的事，還提醒大家，品行優良者最有機會贏得獎品。我一聽到校長說的話，忍不住咧嘴笑了出來。校長轉身面對旁邊的老師，招手示意她靠近箱子。

「請上前抽出得主。」校長說。

老師接過箱子，舉起來，讓大家都看得到。群眾爆出興奮的歡呼聲。我想，那一刻，我的每一個同班同學都在想像自己踏上講台領獎的樣子。我很清楚，我不需要靠想像。老師把手伸進箱子，大家立刻安靜下來。她抽出一張抽獎券。

她突然露出震驚的表情，站在那裡一動也不動。她試著搞懂當下發生的事，我彷彿聽見她腦袋裡的齒輪嗡嗡作響。她向講台上的其他人求助，把抽獎券拿給他們看。另一位老師用誇大的嘴形說：「又是他？」校長看著這兩位老師，幾秒鐘過後，聳了聳肩。規定就是規定，名字已經從箱子裡抽出來了。

老師回到麥克風那裡，清清喉嚨，然後以顯然毫無熱忱的語氣開口。

「本週得主，」她說：「加勒特・吉。」

學生們嚇了一跳，紛紛竊竊私語起來——她是不是說加勒特？不會吧！加勒特，真的假的?!幾位比較隨和的同學開始鼓掌，但其他人並沒有應和。老師們不再微笑，連忙走上講台，皺起眉頭，用懷疑的目光看著我。他們把獎品塞到我的手裡，倉促地把大家趕回教室。

對於我贏得獎品一事，大家的反應不太熱絡，其實不能怪他們。上個星期，也是我贏得獎品。上上星期也是。實際上，這是我連續第六週贏得品行優良獎。我很清楚，接下來幾週，我還是會繼續贏得獎品。

我怎麼那麼確定自己會贏？

嗯，再耐心讀個幾頁，我就會告訴你。

看見潛在系統

我之所以能在學校的抽獎活動連續贏得獎品，關鍵在於認知到這個世界處處是系統。某件事情會發生，往往奠基於可預測的系統，只有少數是完全偶然。事實上，我們所感知到的偶然，往往是因為缺乏對底層系統的了解。認識這些系統，可以讓它們對你有利。以擲骰子為例，你擲骰子的時候，不可能知道等一下會出現什麼數字，但若你掌握所有跟擲骰方式有關的資訊，例如力道、方向、骰子擊中表面的角度等等，就能預測每次出現的數字。

我們當然不可能確切知道骰子每一次是怎麼擲出來的，所以從各個方面來看，擲骰子這件事算是偶然。不過，生活中有很多「偶然」事件，實則不是如此。這個認知帶我找到人生最重要的座右銘：找出隱而不顯的系統。

為了說明這一點，讓我們假想一個情境。假設你進入科技業，事業才剛起步，想要建立人脈，跟科技業的重要人物搭上線。你要找的那種人，在聰智、見解、經驗上都廣獲好評，可以和你建立私人情誼，不會把你看作一般粉絲，而是認為你可以像他們那樣在業界舉足輕重。

你用 Google 搜尋，發現三個星期後馬克・庫班（Mark Cuban）要在大會發表主題演講。他是科技業的超級明星，堪稱完美的人脈。你下定決心，要跟馬克・庫班搭上線。不過，該怎麼做？

在駭客的世界，這叫做「取得權限」（gaining access）。該怎麼取得權限、跟馬克・庫班建立聯繫呢？

大會地點離你的住處不遠，他會在演講後的問答時間回答聽眾的提問，你可以參加大會，提出聰明又有見解的問題，這樣他就不由得注意到你。然而，參加大會的費用是兩千美元，就算成功進入會場，你也不見得能夠提問——問答時間，會場有數以百計、滿腔熱誠的從業人士，每一位都很想向馬克・庫班提問——不過，考量目前情況，參加問答似乎是你最好的選擇。

這就是所謂的「預期行為」。多數人會採取這種做法：掏出兩千美元，希望自己能從人群中脫穎而出。選這條路線的人越多，個人的成功機率就越低，情況看起來就越不樂觀。但你似乎只有這個選擇。

多數人認定，必須在有限範圍內付出最大努力，才能增加成功的機會。他們可能會提早抵達會場，以確保問答開始時，他們會位於最靠近麥克風的前排。然而，事實上，最後大部分的人對馬克．庫班產生的影響都非常有限。

如果你是駭客，就會以不同的方式來應對這個情境。首先，你會認知到大會背後有個基本系統，同時還有其他多個系統在運作。識別並了解這些系統的規則和程序，你就會知道如何利用它們，盡可能提升與馬克．庫班搭上線的機率。

你會應用駭客心態的六大原則，來處理這個情況。首先，你會主動進攻（駭客原則一），積極主動，確保自己是做決定的人。你會採取逆向工程（駭客原則二），從所有角度觀察情況，找出自己在最明顯的選擇外，還有哪些選項。你會就地取材（駭客原則三），利用免費提供的資源，大幅提高成功機率。你會衡量風險（駭客原則四），審視所有選擇與要素，查明哪些選擇與要素能讓你以最低成本和心力達成目的，並投入社交工程（駭客原則五），利用「人」來實現目標。最後，你會靈活軸轉（駭客原則六），從不同的角度處理問題，對情境中的多變要素做出反應。

我將逐一細述六大原則，但現在，先來看看應用駭客原則二「逆向工程」以後，情況會變得如何。你深入研究大會的官方網站，打電話給幾位可能知道更多資訊的朋友，再打電話給主辦單位，提出幾個問題。你匯總所有資訊，然後突然間，你發現眼前有一大堆選擇。

若你依照「預期行為」的規範，其實只有一個選擇：花兩千美元買票，希望馬克・庫班在問答環節注意到你。

運用駭客原則二以後，你發現自己可以：

- 尋找優惠碼，以折扣價購買入場券（接近機會有限、入場價較低）。
- 擔任活動志工（接近機會不同、入場價較低、參與活動的時間較少）。
- 協助餐飲供應商，以便在用餐時間接觸馬克・庫班（接近機會不同、入場價較低）。
- 購買貴賓票，確保自己在前排座位露面（接近機會不同、入場價較高）。
- 成為活動講者，在後台跟馬克・庫班碰面（接近機會較高、入場價不同）。

- 取得媒體憑證，以記者身分參與問答，並獲得與馬克・庫班一對一專訪的時間（接近機會較高、入場價較低）。
- 在馬克・庫班的飯店或他喜歡的咖啡廳安排「巧遇」（接近機會可能較高、入場價較低）。

顯然，我對這份選擇清單做了一些設想，但你在做完自己的逆向工程以後，最後很有可能也會使用類似的選擇清單。有些選擇更好，有些選擇讓你更有機會獲得自己想要的東西，有些選擇則伴隨更大的代價或風險，至少現在，你有好幾條路可以走。之前你被困在「靠運氣」的遊戲裡，但現在可以基於自己做出的選擇，掌握取得的成果。簡單來說，識別潛在系統，你就有更多力量來掌控自己的命運。

事實上，幾乎所有事物都像系統那樣有條不紊。購買特斯拉就是一種系統；預期行為是隨意查看網站，期待附近某些車型會有庫存。不過，秉持駭客心態，你可以開發出一種簡單的工具，每幾分鐘瀏覽各地區的特斯拉庫存量，只要出現一台庫存，這個工具就會傳送文字訊息給你。你幾天後就能拿到特斯拉，不用等好幾個月。

你也可以破解雇傭系統。如果遵循預期行為，你就要寄送履歷給無數間企業，搞得自己筋疲力盡，還只能被動地等待其中一兩家企業回應，也許能給你一次面試的機會。破解系統後，你發現，演算法會在第一階段剔除數以百計的求職信，所以你要以對的順序、使用對的關鍵字，才能通過第一關。你也可以用另一種方式：和對的招聘經理建立對的關係，這樣就不用大量投遞履歷。

就連退休也是可破解的系統。指數基金、指數股票型基金（ＥＴＦ）、美國４０１（ｋ）退休帳戶等資訊繁雜，令人困惑。不過，說到底，這些全都是數學，而數學是一門完全系統化的學問。懂得算數學的話，也許你在五十歲、四十歲甚至三十歲就可以提早退休。

當你決定跳脫系統的規範，拋下預期行為，那一刻，你會發現眼前的選擇近乎無限。而你所做的，其實就只是破解前文提過的系統，讓它有利於你。

到處都是系統

整個世界都是由系統構成。人類不管去至何處，都會制定規則與機制，試圖讓生活變得輕鬆一點。簡單來說，人類創造文明，用大量的法律、常規、習慣組成社會。依循法律、常規、習慣，你就跟別人沒什麼區別。不過，一旦學會超越這些系統，你就能脫穎而出。

有些系統的風險當然比較高，舉例來說，如果你沒支付個人所得稅，一定會被國稅局找麻煩。某些系統看似有可能躲避，實則卻過於龐大繁雜，很難掌握逃離的方式。在後面的章節，我們會探討其中一種系統，也就是企業制度，然後學習如何破解及利用它。

其他系統比較小、比較簡單，有些甚至看似平凡無奇，例如小學的品行優良獎。多數人可能覺得這樣的系統不值得深究，但是十歲的我很想得到那些獎品，於是決心打敗系統。

在老師的構想下，獎勵制度會讓每個學生享有公平的得獎機會，只要所有人都品行優良就行了。我很自然就能表現出優良的品行，拿到很多張寫有我姓名的抽獎券，可以放進紙箱。不過，我並不是唯一一個品行優良的學生。在系統的規範下，我獲獎的機率跟其他品行優良的學生差不多。那麼，要確保自己獲獎的話，我該怎麼做？

有一天，我發現老師抽獎時從來不會翻動抽獎券。老師會把手臂伸進箱子裡，然後拿出第一張碰到的抽獎券。我只要等到最後一分鐘再把抽獎券放進箱子裡，這樣我的名字一定會在最上面。

果然，每次老師抽獎，就會先抽到我的那一張，所以每個禮拜我都會帶著新的獎品回家。回想起來，這件事就跟很多事情一樣，看起來非常簡單，但當時其他人都沒想到可以用這種方式來操控系統。預期行為讓學生表現出優良的品行，收集大量抽獎券，盡可能提高得獎機率，但我利用這個基本系統，一次又一次贏得獎品。

在學校獲獎、跟馬克．庫班會面、得到工作、在企業內部爭取升遷、購買特斯拉……這些事情有一個共通點：它們全都是系統決定的結果，而系統是可以操控的。操控系統，就能大幅提高成功機會。

一切的核心在於：駭客不僅著眼於「做得更好」（提升表現），更會極力獲得成功。此外，駭客很清楚，做得更好，不見得會成功。其實，成功的關鍵往往不在於提升表現，而是認知到前方有其他途徑可以通往目標。這就是駭客心態的本質。

系統被建立得一致又可預測，所以我們才會使用「系統化」一詞，來描述那些以有條不紊的方式完成的事。不過，這也就表示，遵循系統，永遠無法出類拔萃，因為系統會確保每個人都受限於相同的規範。超越系統，就是要掙脫那些規範，並且脫穎而出，走在同行者的前方。

我打敗學校的抽獎系統，之後還利用其他更複雜、回報更高的系統，獲得一次又一次的成功。

接下來，我會教你怎麼做。

2 懶鬼與駭客

「天才是一分的靈感，加上九十九分的努力。」大家一定都聽過這個說法，還認為它是出自愛迪生（Thomas Edison）或愛因斯坦（Albert Einstein），其實是作家暨講師凱特・桑伯恩（Kate Sanborn）率先提出這個概念。這句話的意思是，成功多半來自於努力。只要一直為了某件事揮汗努力，必定會獲得成功。人們從中得到的信念是：世上有兩種人，辛勤的勞工和懶鬼；如果想要成功的人生，最好不要當個懶鬼。雖然我贊同後半部的說法，但是接下來這句話，會顛覆前述的二分法：「就連辛勤的勞工，也有可能是懶鬼。」

我知道，這句話聽起來很違反直覺，但是在我看來，這個世界並不是分成懶鬼和辛勤的勞工，而是懶鬼與駭客。每個人都會落入這兩種心態。在本章節，我將明確闡述這兩種心態到底有哪些不同的地方。

世界上的兩種懶鬼

這個世界上，幾乎人人都是懶鬼。目前不是懶鬼的人，也可能曾經是懶鬼。所謂的懶鬼，指的是那些被困在系統裡的人。基於某種原因，他們從來無法順利脫穎而出。他們隨波逐流，不妨礙系統，也不開拓自己的人生道路。他們被困在不喜歡的工作裡；之所以工作，是因為不得不做，並不是真心想工作。這些人是懶鬼心態的縮影。

不過，懶鬼也分兩種。

實踐上的懶鬼

第一種是實踐上的懶鬼，他們總是夢想著自己能夠做哪些事，卻從來不採取行動。他們是夢想家，覺得自己有一天絕對會成功，但不知怎的，那一天似乎永遠不會到來。實踐上的懶鬼可說是受困於過度的策略規劃，總是在制訂計畫，從來不去做。

然而，問題也無法歸因於他們的完全不作為。有時，實踐上的懶鬼確實順利實踐了某些夢想，卻無法接著利用自身的行動獲利。有時，他們開始努力把某個想法化為行動後，會發現有些事情需要做出改變才行，也許那個想法後來不太合適，也許需要變通才會產生預期結果。成功往往端賴於持續又有見解的實踐，而懶鬼心態總是會從中妨礙。

我早期所做的其中一項創業嘗試，就是跟一些朋友打造線上優惠匯總網站。你可能也看過這類網站。比價網站會列出線上所有特價優惠，每次有人透過比價網站買東西，他們就可以從完成的交易中抽成，靠這種方式賺錢。這是相當簡單的商業模式，只要網站流量夠多，就可以有不錯的收益。擴建網站本身的基礎結構以後，重點是要蒐集所有優惠資訊，並發布在網站上。然而，就算我們是四人團隊，發出去的優惠也確實帶來金錢，但我們很快就因為毅力不足而無法持續挖掘更多優惠。網站內容不足，無法產生足夠的流量，商業模式持續不下去，最後面臨倒閉。

雖然說出這句話很痛苦，但不得不承認，我們就是實踐上的懶鬼。我們早期成功過，原本可以努力讓這份成功延續下去。對實踐上的懶鬼來說，為達成功而需要做的事情，做起來實在太辛苦了。

策略上的懶鬼

與實踐上的懶鬼相對，世界上還有努力工作的懶鬼。努力工作的懶鬼重視實踐，用以支持行動的策略卻很少。他們全力以赴，但缺乏方向，所以最後反覆走上同一條途徑。他們日復一日做著自己討厭的工作，未曾後退一步來眺望大局，並思考自己何以做著這份工作。他們努力工作，付出長時間的努力，展現優良又老派的職業道德，卻達不到他們真正想達到的境地。老闆都很喜歡這個類型的懶鬼；他們為了企業利益全力以赴，卻永遠無法改變自己的人生。

策略上的懶鬼總是依照別人的劇本走，他們可能以為是自己在做選擇，實際上只是隨著別人的曲調而起舞。有點像是在玩「生命之旅」（Game of Life），不知道你們有沒有玩過。「生命之旅」是一款桌遊，每位玩家會拿到一台小型玩具車，沿著生命之路前行。一路上，你要做出某些決定。你可以選擇結婚生小孩，選擇接下這份工作或那份工作，選擇投保或不投保。有時，生命之路會來到交叉口，你可以在大路和小路之間做選擇，但所有道路終將會合，每個人都留在同一條路上。論及策略，玩「生命之旅」有點像是困在懶鬼心態中；雖然你一路上都可以做出小選擇，最終還是困在別人為你預先決定的道路上。你無法退一步問自己：「這條路到底是不是我想走的路？」

我怎麼知道這些人是懶鬼？很簡單，我自己就是個懶鬼。十五歲時，我獲得Google 的工作邀請，但我拒絕了，寧願選擇聯邦政府的工作。為什麼我會做出那樣的決定？Google 的工作肯定是比較刺激、有如流星般的職業選擇。雖然現在回想起來，一切都無庸置疑，但當時政府的工作似乎是比較好的選擇。我的家人大部分都效力於公部門，而我從小的家庭教育告訴我，工作上的安全感勝過一切。如果你要找的是安全感，沒什麼比聯邦政府的工作更符合你的需求。年紀輕輕的我，就開始依循家人和社會打造的無形劇本。我認為，很多孩子都做出類似的選擇。學校系統迫使孩子走向「安全的選擇」，反覆灌輸孩子這樣的想法：人生中最重要的事情，就是擁有穩定的工作。淪於平庸也沒關係。

於是，我多年從事著薪資不錯的工作，為了聯邦政府的利益而耗盡心力與創造力，每個月領薪水，在別人的機器裡當個齒輪。後來，我忽然領悟，脫離懶鬼心態，情況才會有所轉變。但這件事等一下再談。

懶鬼心態十分普遍，有些孩子在學校表現得大有可為，結果卻困在平庸的職業裡。我讀書的時候，有個同學叫彼得，他是個超級聰明的孩子——你知道那種人吧，經常閱讀英國哲學家羅素（Bertrand Russell）和美國小說家史蒂芬・霍金（Stephen Hawking）的著作，一有機會就跟人爭論社會和宇宙的本質——我們都很確定，他一定會有很特別的成就。他一定會去讀常春藤聯盟的名門大學，然後會脫穎而出，成為數一數二的思想家。我離開學校後和他斷了聯繫，但幾年前，我跟幾位老友敘舊，提到他的名字。

「彼得，」我說：「他怎麼樣了？」

結果他在當業務，開著車子在加州西部南北奔波，賣營業中斷險給中小型企業。我心想：「哇，他明明可以有更高的成就。」我向來覺得他會一舉成名，但他顯然跟很多人一樣，陷入了懶鬼心態。

彼得，如果你看到這段話（希望你看到了），這本書很適合你。

別當懶鬼，當個駭客吧

如果你想要掙脫系統，達成你真正能夠做到的事，那麼請成為駭客吧。駭客不會像懶鬼那樣陷入常規之中，他們知道自己需要做什麼，也能夠採取行動。最重要的是，駭客能夠確立自己的目標，並且讓達到目標的最快途徑變得完善。駭客跟懶鬼不一樣，駭客是自身命運的創造者，決定自己要去至何處、如何去那裡。駭客掌控自己的人生，確保人生朝著想要的方向前進。

駭客會展現出很多特性，例如提出問題的好奇心、力求持續改善的動能，不管系統提供什麼，駭客都不會滿足於現況，總是會質疑系統是否處於最理想的狀態，並且設法改善系統，甚至超越系統。駭客也很有毅力，自動自發，不會隨波逐流，有能力自行處理一切。如果有駭客無法理解或不夠熟悉的地方，他們便會去學習。駭客努力保持在領先別人一步的位置，從多種角度觀察情況，藉此獲得比旁人更全面的理解。

最重要的是，駭客不怕冒險。除了理解事情的改善之道，駭客還會把自己的知識化為行動，實現真正的改變。如果你無法理解又無法行動，就會一直受困於懶鬼心態。

我就是這樣。二〇〇〇年代晚期，我替矽谷的聯邦政府工作，擁有不錯的薪資待遇。同時期，我很多朋友和熟人都在創業、當執行長，過著相當刺激的職場生活。至於我，從各方面來看，其實就只是個普通的員工、機器裡的平凡齒輪。我忍不住拿自己跟他們比較。雖然我的收入不錯，但我所處的位置，絕對無法透過工作對這個世界產生顯著的影響。我到底少做了什麼？我有不錯的工作，在職場上也有所進展，但我看得出來，我最終不會抵達自己想去的地方。我朋友們做的事情當中，有哪些是我沒做到的？

那一刻，我彷彿被閃電擊中。在那之前，我一直都是個懶鬼。沒錯，我確實努力工作，可是我沒有看到大局。我是策略上的懶鬼，儘管付出長時間的努力，人生卻沒有重大進展。我繼續深入思考自己何以做著這些事情，然後意會到，我已經開始把駭客知識應用到人生中。我後退一步，思考人生方向，而這就是逆向工程的開端。所謂的逆向工程，就是分析情況，並想出改善方式（詳情請見第5章）。從那一刻起，我決心在自己的整體人生中實踐駭客心態。也是那個時候，我發現了鐘擺的概念。

策略－實踐鐘擺

駭客有個極其重要的特性，就是會在策略與實踐之間取得平衡，以獲得他們想要的成果。努力工作的懶鬼把所有心力投入於實踐，不太了解自己在做什麼事情，也不明白背後的原因；作夢的懶鬼把全部時間都花在規劃，卻永遠不行動。駭客跟這兩者不同。駭客從一邊搖擺到另一邊，把兩端結合起來。我喜歡把這個狀態想成鐘擺，流暢地從策略移動到實踐，回到策略、再回到實踐，兩者在和諧的平衡下結合。

好比祖父時鐘裡的鐘擺，物理學家稱之為「阻尼驅動的諧波振盪器」。之所以是阻尼，是因為系統裡有阻力，例如摩擦、空氣阻力，導致振盪器的速度變慢。之所以是驅動，是因為經常要把能量放進系統來克服阻力，也許來自於老式時鐘的手轉式彈簧，也許來自於更現代的電力。之所以是諧波，是因為其中具備完美的平衡，停留在一邊的時間永遠不會超過另一邊。

這正是成為駭客的意義。系統裡總是會有阻力，也許來自於你自己，也許來自於周遭環境。人很容易陷入懶鬼心態，把時間花在規劃及策劃上，而沒有對行動進行任何投資。另一方面，人也容易沒耐心，不具充分策略就直接採取行動。要維持住駭客心態，總是需要努力和動力，這樣才能克服阻力，並在策略與實踐之間達到完美的平衡。付出努力後獲得的回報，就是讓規劃與行動達到協調的狀態，這樣不僅能達成目標，還能快速又輕鬆地達成目標。

世界上的超級成功人士，多半會在自己的人生中打造出這種平衡狀態。看看馬斯克（Elon Musk）吧，他十幾歲就在設計、販售電玩遊戲，假如他被困在懶鬼心態，可能到現在還在製作電玩遊戲。他要麼成為策略上的懶鬼，只專心製作一個又一個遊戲；要麼是實踐上的懶鬼，夢想著成就大業，卻永遠沒有採取行動。實際上，他想出一些策略，來幫助自己成為重要的成功人士，然後把策略化為行動，創辦 X.com，後來 X.com 又和 PayPal、SpaceX、特斯拉合併。他在前述這些嘗試下，達到無人能及的高度。

馬斯克流暢地從策略搖擺到實踐，然後回到策略、再回到實踐。如今他已是極其知名的創業者，證明了這種策略的成效驚人。

世界上有數以千計的潛在馬斯克，他們都可以像馬斯克那樣，成為專業領域的領導者。把那股潛力化為真實，正是應用駭客心態的關鍵。

修正不平衡

說穿了，重點就是要從懶鬼轉變為駭客。你需要學習如何把懶鬼心態拋在後頭，欣然採納駭客心態。本書將闡述駭客的各種原則與做法，以及如何將它們應用到人生的各個部分。不過，一切都始於駭客心態。你需要具備自我意識與自我省思，藉此探問自己是不是花太多心力在策略或實踐上，並且只在必要時修正不平衡的狀態。

你的內心應該要有個鐘擺，而你必須努力讓策略與實踐達到完美平衡，從而維持住駭客心態。

3 駭客的六大特性

畢卡索說過一句話，總是在我的腦海徘徊不去，用我的話來解讀就是：「每一個小孩都是藝術家，問題在於，他們長大後該怎麼繼續當個藝術家。」畢卡索認為，小孩與生俱來的特質，大部分在長大後就會消失。這種想法不知道為什麼引起我的共鳴，而當我準備描述駭客具備的各種典型特性，原因就變得顯而易見了。

我越是思考駭客的特性，就越是體會到，駭客跟小孩其實有很多重疊的特性。好奇心、勇氣、毅力，我在本章列舉的三項特性都常見於小孩，這表示人人生來就具有駭客的自然本能，但長大以後，多數人都拋下了這些本能。社會訓練我們低頭適應，讓自己困在社會打造的系統裡。懂得思考、質疑的個人，最有可能破壞人為的系統，因此，組成社會的各種機構，例如學校或職場，都致力於去除這些特性。

舉學校為例，你會以為學校的主要使命是教育年輕人，幫助他們做好準備，邁向成年生活。不過，實際上，學校的評價標準不在於他們有多擅長培育小孩、幫助小孩為成年生活做好準備，而是畢業人數。系統的存在，鼓勵學校著眼於「教導孩子通過考試」，根本不在乎那些考試與現實世界的差距。結果，所有人被訓練在系統的約束下行動，不去思考更廣泛的價值所在。

想到這一點，就令人悶悶不樂。幸好，如果我們天生具備駭客特性，那就表示我們都有能力再次記起並落實駭客特性。這就是本章的重點。我逐一介紹駭客特性時，希望你能觀照內心，想像自己已經在生活中展現這些特性。我希望你問自己：「我有多符合各項駭客特性？」然後：「我能夠多符合各項特性？」到了本章的尾聲，你會開始明白，你不僅能在生活中展現所有駭客特性，它們甚至會成為你的本能。

事不宜遲，現在就來一探駭客特性吧！

好奇心

駭客必須具備的第一個特性，同時也是最顯而易見的特性，就是好奇心。駭客習慣探究系統的運作方式，而最重要的，往往就是系統發揮作用的原因。這些問題底下，存在對知識永不饜足的渴望。知識可以用來操控系統。駭客運用知識，藉此確保自己能夠擺脫系統的框限。此外，要做到總是有問題可以問，就必須時時質疑那些理所當然的設想。多數人默認的狀態，是不假思索接受當下的情況，但創新者、顛覆者、駭客會想：為什麼不能改變現況？

這是一種有趣又調皮的特性。正如前文所述，駭客多半具有孩子般的天性，而好奇心也不例外。每個孩子都會在某個時間點察覺到「為什麼？」這個問題具有近乎無敵的力量。任何答案之後，都可以再接著問「為什麼？」我們小時候一定都做過這種事：爸，為什麼你要出去？因為我要去上班。為什麼？因為我要賺錢。為什麼？因為我們要有東西吃、有地方住，還要有餘力做一點開心的事情。為什麼？因為那樣我們就會幸福。為什麼？……

像這樣一直問個沒完。這樣的調皮提問當然有一定的限度，但在過程中，小孩會知道得更多、變得更有力量。不過，長大以後，很多人就不再這樣提問了。也許我們以為自己已經什麼都懂了，也許我們提問的話，會在同儕面前顯露自己的無知，很沒面子。說來諷刺，我們渴望自己看起來知識淵博，實際上反而讓我們一直置身於黑暗之中。

我因此想到《流言終結者》（*MythBusters*）亞當・薩維奇（Adam Savage）和傑米・海納曼（Jamie Hyneman）兩位主持人針鋒相對的畫面。以防萬一有人沒看過，《流言終結者》是一個美國電視節目，亞當和傑米會運用科學方法，調查大眾的各種謠言、迷思和普遍的設想。傑米是徹底的經驗主義者，除非在他眼前拿出證據，否則他什麼也不信；亞當比較仰賴直覺，幾乎所有科學家都是這樣。某一集，亞當回想起他跟傑米的一些經驗。亞當說，有一次，他們需要一些網子來做實驗，傑米提議買黑色的網子，亞當擔心實驗的時候會看不到黑色網子，提議買白色網子，反射的光子會比黑色網子多。傑米一臉懷疑。亞當回想當時的情景：「傑米看著我的表情，就像是在說：『好，你說是就是。』」傑米在沒得到直接證據的情況下，就不願接受這個概念，亞當對此灰心喪氣，自是合情合理。但這同時也反映出傑米擁有無止境的好奇心，不會理所當然地設想，因此才能成為一名傑出的工程師。

當然，像傑米那樣沒完沒了地提出問題，在現實世界中不是長久之計。小孩與駭客有個差別：駭客懂得視情況判斷何時該多點信任、少點好奇。我們不可能做到對生活中的每件事都提問，有時也必須隨波逐流，然而，我們還是要維持一定程度的好奇心，不要做出理所當然的設想。這有點像是平衡的做法。我在前一章提過，鐘擺可以區分駭客和懶鬼，還記得吧？維持平衡就像是那樣，在好奇與接納之間拿捏合適的程度。有一句古老的俄羅斯格言，可以總結這種平衡狀態：「信任，但要驗證。」

持續改善

本章探討的特性中，「持續改善」是最有力量的特性。多數人認為，改善是為達目的所採用的手段。他們會努力把某種能力改善到某種程度，藉此達到某個目標。一旦達到那個目標，他們便就此停止。然而，對駭客來說，改善沒有所謂的限度。改善是持續不斷、沒有盡頭的過程，而這種持續不斷的狀態，會使得進步呈現指數成長。

規律性改善與駭客級的持續改善，兩者的差別，在以下的矛盾例子中格外凸顯。大部分程式設計師在寫電腦程式碼時，只求程式碼可以正常運行。程式碼非常吹毛求疵，哪怕只是細微的地方出錯，往往就無法運行。二〇二二年堆棧溢位（Stack Overflow）論壇網站的年度開發員問卷調查中，超過百分之五十的受訪者表示，他們每天花超過一小時尋找答案和解決方案，設法找出他們寫的程式碼無法運行的原因，以及修正的方法。網路上有大量資源，程式設計師可以聚在一起，討論各自碰到的問題，這對在編寫程式碼方面遇到困難的人來說，當然大有幫助。不過，大部分程式設計師只希望自己寫的程式碼能夠運行，所以只會貼出程式碼中出現問題的片段，然後等待某個人提出修正建議。一旦有人提出替代的程式碼片段，他們可能就會複製並貼到自己的程式。行得通就好了。太棒了。程式碼順利運行的原因，還有他們之前寫的程式碼無法運行的原因，都不用去理解了。唯一的目標，就是讓程式碼正常運行。說來諷刺，針對這類程式設計問題提供解決方案的人，常常是駭客。雖然程式碼可以像程式設計師希望的那樣運行，但是也引進了某些駭客之後可以利用的弱點。駭客具有持續改善的動力，意思是，他們不會滿足於某件東西「可以運行」。駭客會想要理解背後的原因，理解之後，就有機會利用那些不理解原因、卻還是滿足於現況的人。

一而再、再而三的改善，會產生複利的效果。一定有很多人在數學課學過複利：利率會支付到帳戶（或加到債務上），下一期的利息金額會更高，因為是在更高的總金額下，採以相同的百分比。同樣的複利效應可以應用在任何事物上。詹姆斯・克利爾（James Clear）就在《原子習慣》（*Atomic Habits*）中，探討一個人若每天都把某種能力改善百分之一，會產生怎樣的複利效應。每天都做到百分之一，聽起來相當可行，對吧？每天都做的話，不久就會逐漸增強。只要每天都改善百分之一，到了年底，總改善程度就會是百分之三千七百。也就是說，現在的你比一年前的你好上將近三十七倍。

舉一個更具體的例子。假設你在健身房做某種舉重訓練，你發現自己能夠使用特定的槓鈴組合做二十下。在持續改善的特性下，你可能決定每週要改善百分之五。二十下的百分之五是一下，所以意思是第二週只要增加一下。不過，週復一週，你額外做的次數會持續增加。當然，你做的次數最終會停滯，沒人能夠舉重無數次，但至少在早期階段，拜複利效應所賜，你能夠達到快速的進步。

在電腦駭客的領域，持續改善已是必要條件。科技始終呈現指數型進化，這種現象可以用摩爾定律來形容，意味著新電腦系統的功率每兩年就增加一倍。我們很容易可以觀察到這種情況，只要看一下第一代 iPhone 就行了。二〇〇七年，iPhone 還是尖端的科技產品，在電信領域是無庸置疑的變革。不過，如果現在試著使用第一代 iPhone，就會發現它速度慢、笨重又過時。在那之後，科技已經往前走了很遠。

科技在進步，駭客也要有所改善，因為，不往前走，基本上就等同於落後。有點像是把錢存在銀行帳戶；如果只是把錢放在那裡，沒有得到利息，那麼實際金額不會變動，但在現實世界的價值會減少，因為長期來看，通貨膨脹會把錢變小。同理，駭客技能與科技專業知識也會推動駭客持續改善。電腦駭客圈有個活動叫「搶旗」（Capture the Flag）練習：電腦系統建立時，在內部藏了一些「旗子」，駭客的挑戰就是侵入系統、搶走旗子。搶旗活動是競賽、是挑戰，比的就是改善的潛力。駭客把技能化為行動，訓練自己並磨練能力，成為更敏銳、更有能力的駭客，確保自己跟得上不間斷的科技進展。

駭客心態的原則，在於這些特性不僅限於網路安全領域，也可以應用在人生的各個層面。無論是在健身房訓練、在某個領域增長知識，或是提升玩遊戲的能力，「持續改善」都能夠穩定地帶來成果。

勇氣

想做新的事情，不能沒有勇氣。有一項因素會妨礙我們嘗試新事物，或阻擋我們用新的方法做事，那就是對失敗的恐懼。克服這份恐懼感，是向前推進的關鍵所在。有時，嘗試新的事物會出錯或進展不如預期，確實會這樣。然而，和完全不嘗試所引發的風險相比，去做那件事的風險顯得微不足道，一千次裡頭大概有九百九十九次都是如此。所以，我才會說勇氣是駭客的關鍵特性。

電腦程式設計師早就知道，電腦程式往往是大型又複雜的程式碼矩陣，某個地方的程式碼有些許變動，就會到處產生意想不到的影響。儘管如此，程式設計師必須對自己的程式碼做出更動，否則永遠無法開發出任何新東西。也因此，他們不得不接受意外結果的風險。實際上，他們可能會非常快速地做出更動，而更動的結果也很快就會顯現出來，因此做出更動、對繼而產生的問題進行修正，這樣的循環已經成為過程中很平常的環節。在這樣的循環下，電腦程式設計師培養出勇氣的特性，同時也發現這其實沒那麼糟；開發新事物所帶來的益處，遠勝於必須處理後續問題的不便。

對電腦駭客來說，勇氣是格外貼切的特性。道德駭客的工作，是突破客戶系統的防禦，以便呈現哪裡有缺陷、要以何種方式減輕危害，從而改善系統的整體安全防護。這表示道德駭客往往要傳達壞消息——系統安全防護有缺陷，通常會延誤企業的營運，而且代價昂貴。企業最後當然還是會得利，因為系統會變得更穩固，但不管怎樣，高階主管很少會樂見企業短期內要面對代價昂貴、從未預料到的問題。道德駭客若要達到成效，就必須有勇氣跟客戶展開棘手的對話，短期要負責傳達壞消息，長期要努力邁向更大的成效。就像電腦程式設計師面對的難題，這種做法也會訓練駭客變得勇敢。培養出勇氣後，在任何情況下都能勇敢應對，駭客尤其需要如此。

無論是在網路安全、商業、體育或任何領域，最成功的人往往都具備勇氣這個特性。舉滑板運動為例。每當滑板運動員嘗試做特技，他們都知道自己可能會摔倒受傷，卻仍甘冒風險。他們有時的確會受傷，但是唯有勇敢面對風險、繼續嘗試的運動員，才有機會成為未來的托尼·霍克（Tony Hawks）。面對逆境，還是能夠起身對抗內心的恐懼感，並且堅持不懈，這樣才能獲得成功。邁向夢想的旅程中，難免會碰到令人生畏的障礙物，唯有勇氣能造就不同的結果。我們必須勇於直視障礙物、推開障礙物。終歸一句，你承受的最大風險，就是根本不冒任何風險。

毅力

第 4 章會提到，駭客心態的其中一項原則是「進攻型心態」。主動進攻有一項特點：你只要做對一次，就能達到想要的目標；消極防禦則意味著你必須把每件事情都做對。如果駭客想侵入電腦系統，從全盤考慮的話，做法其實並不重要。他們可能會試著操控底層系統的某個古怪之處，不然就是利用某個弱點，一試再試，試到進入系統為止。而一旦進入系統，那就沒有什麼東西可以擋下他們了，所以毅力是很重要的特性。如果一個做法沒有用，你可以試試另一個做法，最後你會突然想出解決方案，進而達到目標。

網路安全企業 Offensive Security——比較常見的企業名稱是 OffSec——有個認證叫做「進攻型資安認證專家」（Offensive Security Certified Professional，簡稱 OSCP），這是大家熟知的業界標準。如果你有 OffSec 認證，走到哪都有人要。這家企業之所以惡名昭彰，是因為每當有人接受認證考試，被困在實驗室或者失敗的時候，他們就會說：「再努力一下。」這句話深植於駭客文化，有人甚至發表了雷鬼風歌曲，歌名就叫〈再努力一下〉（Try Harder）。我沒在開玩笑，YouTube 上面找得到這首歌！這句話支持了一種觀念：失敗的人就是不夠有毅力。想成功，他們只要再努力一下就行了。有毅力的人，沒有理由不成功。

創業也是同樣的道理。很多最知名、最成功的創業者會先做出幾次（不成功的）商業嘗試，才會碰巧發現那件讓他們壯大的事物。當然，我們幾乎沒聽過那些失敗的商業嘗試，因為他們的毅力最終會得到回報。而大眾會記住的，只有他們的成功。

然而，我們必須認清，毅力的程度必須跟預期目標成比例。回到網路安全領域，我們來比較兩種安全測試：「滲透測試」（penetration testing，簡稱 pentesting）和「紅隊演練」（red teaming）。滲透測試是由一組道德駭客嘗試侵入電腦系統，找出系統弱點，然後把弱點回報給系統開發員，過程通常需要好幾週的時間。對這群駭客來說，關鍵在於找出侵入系統的最佳方法。紅隊演練則是把這個過程進一步延伸，不只是花幾週時間嘗試侵入系統，而是從事為期數月、甚至數年的活動，需要截然不同的毅力程度。你可能會以為，紅隊演練只是比較好的弱點測試，而不是滲透測試，其實不然，要看你的目標是什麼。紅隊通常受雇於政府與軍事組織，負責抵抗國家資助的駭客，所以在這類情況下，紅隊會決心不惜一切代價，保護自己的系統。不過，對於大部分的商業系統開發員來說，紅隊可能過於昂貴，令人望之卻步，而為期兩週的滲透測試無論從哪方面看都很不錯。在這兩種情況下，風險的高低會影響到合理的毅力程度。

不只網路安全，其他事情也是如此。創業者都懂得放棄失敗的生意，轉而投入新事物。如果年復一年專注投入某項專案，最後產生的利潤卻不多，那就毫無意義可言。最終結果顯然不值得付出努力。駭客級毅力有一項關鍵特點，那就是知道何時該或不該發揮毅力，以及要在哪方面發揮毅力。這就要看現實生活中，把毅力發揮在哪方面會達到你想要的結果。

務實

說到成功，務實是非常重要的特性。就算是在展現其他特性時，駭客還是必須保持務實。務實，才能減少其他特性的過量狀況。請記住，駭客心態的核心是鐘擺，要透過實踐來平衡策略。同樣地，駭客要在好奇心、毅力、勇氣等特性以及務實之間維持平衡。

說到底，你必須坦誠面對自己。這些特性、還有後續幾章提到的駭客原則，確實都會提出一些關鍵方法，幫助你達到想要的成功，但它們沒辦法讓你成為超人。務實的重要環節，就是要認清一點：身為人類，你是有極限的。你在某些方面有優勢，某些方面有劣勢。認識自己的優勢，並且運用優勢來發揮你最好的一面，才能鋪就成功之路。

要達成最好的結果，關鍵在於理解自身極限、知道自己的劣勢在哪裡。如果不理解這一點，很容易什麼事都試著自己做，最後以失敗收場。另一方面，成功人士通常會專注於自己擅長的事情，至於他們沒那麼厲害的領域，便會雇用其他具有必要能力的人。這樣一來，他們就能確保各個環節都是由最能勝任的人負責，盡可能達到最佳成果。

成功之路看似一幅刺激的前景；過程確實刺激，但無聊乏味的工作也無可避免。電腦駭客也是一樣，滲透測試員與紅隊肩負的刺激任務，就是侵入高度安全防護的電腦系統。但就連他們也要寫一大堆報告，還要經營客戶。優秀的駭客很清楚，想在現實世界中成功，除了想做的事情以外，也要做「必須做」的事情。

做必須做的事情，往往意味著努力度過漫長的過程，務實看待可達成的目標以及時限。舉例來說，剛加入麥當勞櫃台工作的青少年，不可能下星期就當上麥當勞執行長，但這有可能是最終成為執行長這一條漫長路程的開端。從櫃台爬到管理層，從分店轉到總企業。我之所以說「有可能」，是因為這條路的可行性還是要看當事人有沒有資質和動力可以坐上高階主管的位置。

我因此想到「彼得原理」（Peter principle）。這個奇妙的理論是由加拿大教育家勞倫斯・彼得（Laurence J. Peter）發想，並以他的姓氏命名。根據彼得原理，每位員工最終都會爬到某個比自身能力水準還要高一階的職位。員工把工作做得夠好，就會獲得晉升，最後升到他們不擅長的某個職位，這時就不會再往上升了。他們沒有能力把那個職位做好，也沒有洞察力去發現自己做得不好。首先，在企業階層裡往上爬，要經歷好幾個階段，這件事當然很重要，但在我看來，更重要的是，一定要認識自己。你必須要有自我意識，認清自己的能力在哪裡，免得陷入彼得原理。如果你的技術和能力不適合擔任執行長，那麼一心想成為執行長就毫無意義。認識自己並發揮優勢，才是關鍵所在。

與此同時，你也必須認識自己所處的環境。你往往會發現，當下的情況不利於達到目標，可能沒有必要的資源得以運用，可能有某些事物阻礙了你的進展。懷抱對理想世界的願景是很好，但在現實世界，情況通常不會如我們所願。我們必須務實看待自己能達成的目標，以及達成目標的方法。

無論是意識到自己所處的環境，還是有所自覺，都要認清現實。

效率

我想要強調最後一項駭客特性：高效運用時間與資源。所有人的一天，都同樣有二十四小時，通常沒辦法在這段時間裡把想做的事全都做完。那麼，問題來了：我們該怎麼運用這段時間？

還記得吧，一次滲透測試大約會持續幾週。在這段時間裡嘗試每一種可能侵入系統的方法，顯然不是務實的做法，所以，駭客必須把重點放在惡意駭客最有可能利用的途徑，也就是系統可能最脆弱的地方。其實，已經有人幫忙做了一部分的工作——開放式 Web 應用程式安全計畫（Open Web Application Security Project，簡稱 OWASP）十大清單已列出 Web 應用程式最重要、最普遍的安全防護弱點。滲透測試員先把重點放在這些弱點上，就能以最少的時間和心力，為系統開發員提供最大價值。這就是駭客的本質。

OWASP 十大清單呈現了網路安全領域的法則，在其他領域的應用更為普遍，也就是「帕雷托法則」（Pareto principle），亦稱為「力量法則」。根據帕雷托法則，很多情況下，百分之八十的成果來自於百分之二十的動機。如果更進一步，把八二法則應用到八二法則本身，那就是百分之六十四的成果來自於僅百分之四的動機。簡單來說，如果你要花十二小時投入某件事，最終成果中有百分之六十四是不到三十分鐘就能達成的。超過一半！

當然，帕雷托法則並不保證你最初花費的時間，會是工作時限內最有效率的時段。此時，駭客級效率就會發揮作用。關鍵在於確切找出哪個地方會在時限內達到最高獲益，然後把心力集中在那裡。那個地方有時顯而易見，有時沒那麼明顯。你還要小心不掉入陷阱，花太久找出哪裡能讓你高效運用時間。記得駭客心態的鐘擺吧？你必須在策略與實踐之間來回擺盪。過度聚焦於方法，有可能會變成實踐上的懶鬼。最重要的是前文提過的所有特性。

當然，對於滲透測試員來說，OWASP十大清單可說是高效指南，直接告訴測試員應該把注意力放在哪裡。其他領域也有指南，例如：說到健康，有不計其數的營養師會確切告訴你，應該吃什麼食物來達到最佳成果；說到健身，有一大堆教練會告訴你應該往哪方面努力。無論是什麼領域，總有方法可以讓你變得更有效率。至於你的人生，就讓這本書成為你的高效指南吧。

組合多項特性

駭客的六大特性本身都很強大，但組合後才能發揮完整的力量。兩項以上的特性組合後，就會出現超級特性，包含原本的六大特性，總共會有六十三種組合。以下提出兩個例子：

- **勇氣＋持續改善＝自我激勵**

要培養真正的自我激勵，就必須把勇氣與持續改善組合起來。持續改善當然是自我激勵的基礎要素，但勇氣也是。自我激勵的人必須有動力追求改善，而要追求改善，就必須對自己有信心才行。

- **好奇心＋勇氣＋持續改善＝自學者**

自習者仰賴自我激勵的兩大特性以及好奇心。我特別認得這項超級特性，因為我小時候就是自學者，總是自主學習課程外的內容。比如說，二年級的時候，除了二年級的書，我還去買了三年級的書，準備在暑假期間讀。我有持續改善的動力，總是走在前頭；我有勇氣和自信去攻讀更進階的教材；我有好奇心，想要進一步學習。這些特性組合起來，使我成為自學者，後來駭進電腦系統，最後替聯邦政府工作。當時，我還在念高中。

以上只是兩個可能的組合，還有很多種組合。試著把一些特性組合起來，看看你可以想出什麼超級特性。

我們探討了駭客具備的關鍵特性，也得知各項特性的重要性，更思考特性可以如何組合出超級特性。我想要再次強調，所有特性都有待我們培養，並顯化在生活中。人不會只有勇氣，或只有務實。特性的養成，來自於個人有自覺地努力落實。想成為有勇氣的人，就要承擔決定冒險的責任，起身對抗逆境；想成為務實的人，就要負責往後退一步，客觀地重新分析情況。所有特性都是如此。

駭客的特性並非天生特質，如何培養與落實，終究還是取決於你自己。

我們已確立駭客特性，接著要更深入探討六大駭客原則。駭客特性是可以培養的一般特質，落實這些特質，能夠幫助駭客踏上成功之路。而駭客原則是具體的想法與過程，可供駭客用以達成目標。在後續幾章，我們會鑽研各項原則，探究駭客如何運用它們，以及它們在你人生各個層面的重要性。

PART

2

駭客原則

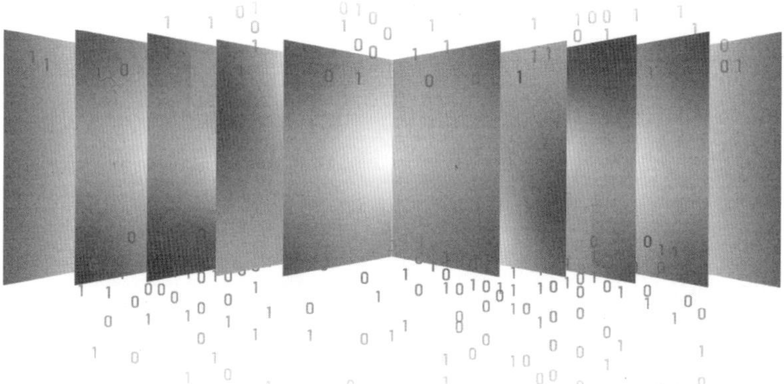

4 原則①：主動進攻

如果你不主動進攻，那就是消極防禦。自古以來，情況都是如此。每當有兩股力量、兩個想法、兩個元素或兩個人成為對抗的雙方，那麼一方會攻擊，另一方會防禦。無論你在哪裡、在做什麼，衝突都無可避免。總會有相互爭奪的利益，或相互牴觸的觀點。問題是，當你置身那種情況，你會採取消極防禦的立場，還是主動進攻？

進攻是最強的防禦

我們在前一章探討過毅力這個特性，並針對進攻型心態提出論點。防守方必須一直把事情做對，而進攻方只需要做對一次就能成功。進攻方可能會經歷一連串失敗，但那都無關緊要，因為一旦成功，就會達到目標。正是這種情況，使得進攻方處於無比強大的狀態。

中世紀的鬥劍是很好的例子。鬥劍的目標——你也可以說是「成功條件」——就是一位鬥士打敗另一位鬥士。如果其中一位鬥士的攻擊被對方擋下，就表示攻擊方無法達到他的目標。攻擊方一再發動攻擊，每次防守方都擋住攻勢。不過，最後，攻擊方穿透對手的防禦，刺中要害，防守方落敗，攻擊方贏得鬥劍。這個結局，無異於他在第一劍就刺中對方。鬥劍期間，防守方從來沒有機會攻擊，只能忙著防守。每次防守方擋住一劍，攻擊方隨即刺出下一劍，防守方不得不再次抵擋。攻擊方從沒讓防守方有防守以外的機會，所以從那一刻起，防守方的命運就已註定。

現代社會中的所有情況，都是同樣的道理。如果你是施壓的那一方，而其他人只是對你的行動做出反應，那麼你就是制定議程的人，決定了接下來會發生什麼事。

不要遵循不存在的規則

前面提到兩個人打鬥的例子，但其實這項原則的應用比打架還廣泛許多。主動進攻不只是應用在肉體上的搏鬥，我們所置身最嚴重、最永恆的衝突，其實是我們跟所處環境之間的衝突，甚至可以說是跟這個世界的衝突。

我們全都置身於社會的規範之下，受制於各種規定。除了最基本的民法和刑法，如果任職於某些企業或特定部門，還得遵守各種規定和條款。對於我們被期望做或不做、做得到或做不到的事情，也有社會常規的不成文規定和預期。主動進攻的意思，不只是在這些規定的規範內主動進攻，而是去反抗系統。大部分的人在這方面會持續當防守方，思考如何在所處環境的規定範圍內，以某種方式達到目標。駭客之所以與眾不同，是因為他們會去挑戰那些規定。

不久前，有一張圖在網路上流傳。圖片顯示一個停車場，入口有柵欄，要先取票才能進場。不過，入口處兩側只有平坦的草地，沒有牆壁或圍籬。草地上有一些車輪的痕跡，表示有些車主決定繞過柵欄開進去。這張圖完美象徵了我提到

的主動進攻、反抗規則，也就是說，不因為事情原本的做法是那樣，就照樣接受。

主動進攻不見得來自於縝密的規劃。機會有時會突然出現，而採取進攻型心態，就表示你秉持著最能夠好好抓住機會的態度。羅傑．費德勒（Roger Federer）的職涯，就是很好的例子。大眾普遍認為，費德勒無疑是史上數一數二的網球選手。二〇一六年，經過數十年的一流表現，他獲得卓著的聲譽，但也開始有流言說他的能力每況愈下。以網球選手來說，他年紀漸長，好幾年沒有贏得各大賽事，然後，慘劇突然發生。他在家準備幫小孩洗澡，轉身不慎，導致膝蓋的半月板撕裂。這是重傷，需要動手術，術後還要復健好幾個月，其間都無法打網球。

評論員都以為費德勒的職涯會就此結束，反正他的球技衰退，乾脆趁這個不得不離開賽事的機會一舉退休，也算合情合理。然而，費德勒不會乾坐著不動，不會就這樣接受現況。他並未徒然度過復健期，平白等著撕裂傷痊癒，反而專心分析自己的賽事，想出改善的方式。最值得注意的是，他認清自己最弱的地方：反拍。反拍的打法，過去讓他輸掉多場賽事。有了這個認知，事情就很簡單了。傷癒後，他勤練反拍，隔年就席捲各大賽事。二〇一七年，他贏得澳洲網球公開賽和溫布頓網球公開賽；二〇一八年澳洲網球公開賽，他守住自己的頭銜。他沒有從網球世界消失，反而驅策自己回到積分榜，從二〇一六年的第十六名，飛升到二〇一七年的第二名。

提升表現的核心，就是費德勒採取的進攻型心態。旁人都覺得，受傷的他應該放棄，但是對費德勒來說，自己顯然必須要更努力才行。

費德勒的例子，展現出進攻型心態可能與意外相關，例如突發的傷勢。但在其他時候，對於進攻這件事，我們必須更積極主動。駭客在面對任何系統時，都會問：「移除什麼規定或障礙後，會更容易達到我的目標？」一旦找出那些規定或障礙，接下來就能思考怎麼繞過去。就像費德勒和中世紀鬥劍的例子，同樣的道理可以應用到任何現實情境。

前面提到，好奇心是帶有調皮元素的特性。如果我們把調皮這個元素擴展開來，就會明白它何以是主動進攻的關鍵層面。調皮，就是在規範外思考，做出大家覺得你不會做、或不希望你做的事。這條路通常會讓你達到目的，因為沒有人和你一樣那麼做。

有個不錯的例子，是我還在電腦駭客圈的時候。我提過駭客如何透過「搶旗」活動，來確保自己一直改善技能，還記得吧？職涯初期，我曾經參加過這類活動，其中一場相當困難，有幾十道關卡，而且是越來越難解決的關卡。但我不到一小時就輕鬆通過那些難關。主辦單位以懷疑的眼光仔細觀察我，他們認為，我如果不是作弊，就是純粹的天才。他們想不出我是怎麼做到的，最後不得不承認我贏了。

那麼，我是怎麼做到的？我很想說，那都是因為我的天賦無與倫比，但其實我抄了捷徑。我帶了相機去參加活動，還搭配長鏡頭。我原本只是打算在活動現場拍些相片，但他們在設定「搶旗」難關的時候，突然有個機會出現在我的眼前。我們跟主辦單位之間隔著二十英尺左右的距離，所以主辦單位是在遠遠超出視線的位置，但也並不是在另一個會場。肉眼看不到的東西，帶著有長鏡頭的相機就不一定了。於是，他們設定難關時，我用相機拍下他們的螢幕畫面，所有解決方案剛好都在上面。然後，在應對難關時，我只要參考之前拍的相片就行了。雖然照理來說，我不應該這樣解題，但駭客就是要拐彎抹角地處理問題，跳出框架思考。總歸一句，我贏了。

當然，這種思考方式不限於電腦駭客。幾年前，我去參觀了「花花公子豪宅」（《花花公子》雜誌創辦人的故居）。運氣很好吧？嗯，其實跟運氣沒有多大關係。花花公子豪宅之旅是我參加大會測驗拿到第一名的獎品；我後來發現，官方規則並沒有說你不能在網路上查出測驗的答案。我猜，大家都以為這條規則理所當然，但測驗結束，只有我一個人拿到滿分，其他人都是遵守這條「不成文規定」。幾位參賽者不由得小聲抱怨，總之，最後我才是贏得獎品的人。

這聽起來有點像是作弊，但重點在於主動進攻，而前述例子呈現出主動進攻的實際運作情況。駭客在社會期望的正規約束之外執行任務，戰勝一個又一個系統，經由意想不到的途徑來達成目標。由此可見，駭客的認知是：規定如果不夠明確，那就要交由個人來決定規定是什麼、應該怎麼應用。這是腦筋急轉彎的基本原則。舉例來說，你拿到一道題目，解法就是要意識到，你以為應該要有的規定實際上並未明定，所以沒必要遵守它。在現實生活中認知到這一點——導致你受到限制的信念或設想，你其實可以不用遵循——正是應用駭客心態的關鍵。之後，你就會開始發現，一切都是可以破解的。

要防禦，但不要只防禦

話雖如此，希望你不會因此覺得防禦不重要。防禦很重要，你不能攤開雙手來迎接攻擊，這樣遲早會有人利用你那脆弱的防禦。我想讓你明白：走出謹守防禦的思維模式，採取主動進攻的策略，那麼你的防禦強度反而會高於專心防禦。足球比賽就是其中一例，有些球隊會選擇防守的打法，或希望打成和局，尤其是不需要單場獲勝來贏得大賽冠軍的時候。球評有時會稱之為「消極打法」。這種策略一般來說不被看好，因為敵隊往往會突破防禦並領先。然而，如果某個球隊在相同的情況下主動進攻、採取積極打法，那麼敵隊就更難取勝，因為他們需要克服更大的進球數差距才能獲勝。

體育賽事中，你會在某些球員身上看到進攻與防禦的懸殊差別。有些四分衛採取防禦打法，只做到剛好對得起自己的薪資，不推動自己達到一流水準。員工身上也會出現同樣的情況，只做到能夠賺到薪資的程度，不會想在職涯中往前推進。這些人和有動力又總是積極設法取得進展的員工形成對比，而後者往往更有成就。

防禦心態隨處可見，快速瀏覽網路安全領域，有助於進一步剖析這個概念。前一章我們討論過滲透測試與紅隊演練，在這些交戰中，道德駭客團隊會試圖侵入電腦系統，藉此測試電腦系統的安全防護。這個例子充分呈現了防禦心態與主動進攻的對比。

企業通常採消極防禦，畢竟他們不是駭客，最關心的事是確保自己的電腦系統夠安全，而不是想侵入其他系統。黑帽駭客則會主動進攻，設法駭進系統。道德駭客因此陷入兩難：為了把工作做好，他們需要使用所有駭客技巧，測試客戶電腦系統的安全防護，但是，客戶通常會施加限制，來降低自身系統對外暴露的風險。客戶可能會說：「你們只能在凌晨兩點至三點之間攻擊系統。」或者「不要攻擊系統裡某個特定的部分，因為裡面有機密資訊。」當然，黑帽駭客才不會管你。

有個人經常碰到這樣的衝突，那就是山繆．瓦納度（Samuel Varnado）。一九〇年代，瓦納度是網路安全領域的重要人物，在監控系統與資料採集系統（簡稱 SCADA 系統）的安全專業特別出名。這類電腦系統的建置，是為了讓人員得以遠端控制機器與基礎架構過程，自然容易成為惡意駭客鎖定的目標。一旦駭客侵入 SCADA 系統，整棟大樓基本上就任他擺布，從門禁到通風系統都會受到控制。隨著時間推移，駭客對這類系統造成的風險愈趨顯著。瓦納度都會提醒客戶這類風險的存在，卻時常被拒於門外。那時還是網際網路相當初期的年代，他會談過的執行長都不理解，怎麼可能會有「人」成為企業基礎架構的一大威脅；對方拿著武器、站在企業外面才是威脅，電腦系統可是有密碼保護啊！

瓦納度認為，經驗是最好的老師，所以他開始在客戶面前駭進安全防護系統，證明他們的安全防護系統有多麼容易被搞垮。九〇年代後期，他侵入美國知名私部門和政府機關數十個受嚴密保護的系統，揭露大量安全缺口。先前不理會瓦納度的執行長們這才學到寶貴的一課，然後聽從瓦納度的建言，更認真看待網路安全，盡可能確保企業的電腦系統夠安全。

從此之後，安全人員都開始重視網路安全的重要性——我很想這麼說，可惜大家在電腦系統無形範疇的安全保護上，好像還是存在盲點。瓦納度宣導提高網路安全的多年後，我在擔任道德駭客時，碰到一模一樣的問題。

有人請我測試某棟高度安全大樓的電子門禁系統。現場的保全團隊相當有信心，認為外人無法進入大樓，因為值勤的保全都配有武器，而且，說到底，誰可以不被持槍保全注意到、就這樣通過門禁？好吧，我的工作，就是呈現他們系統裡的缺陷。我對他們的數位保全系統做了一些小動作，順利侵入大樓裡所有電子門共用的網路，讓網路停止運作。根據系統的設計，如果網路停止運作，所有的門（包括逃生門）都會預設為解鎖狀態。很合理，如果有緊急狀況導致門禁網路停止運作，你可不希望大家被困在室內，逃不出去。於是，我用了一點電腦駭客技巧，順利更改了大樓裡幾乎所有門的狀態。保全人員的控制台顯示門都解鎖了，但他們不曉得為什麼會這樣。儘管他們全都配有武器，人數卻不足以顧到每一道開啟的門。情況亂成一團，保全團隊連忙設法管制大樓出入。

保全主任對這種情況非常不滿。他咬牙切齒地問：「你是說，整棟大樓的門都解鎖了？」

「對。」我一邊說，一邊努力抑制成功駭進去的興奮感。

「而且隨便誰……任何人……都可以直接開門走進來？」

「對。」我再次回答。

他非常不滿。事實上，他開始朝我大罵：到底在想什麼？難道不明白這樣有多不負責任？他罵了好一會兒，最後，我提醒他，我前一天晚上逐一試了每一道門，手動重設程式，好讓那些門在最短時間內恢復正常運作。等到保全主任終於冷靜下來，他把我帶到一旁，向我道謝。他們原先以為自家系統堅不可摧，而我揭露了重大安全風險。

我揭露這些缺陷的關鍵，就是主動進攻。黑帽駭客也會試著做一樣的事情，而且他們不在乎禮節，不會像我一樣手動重設門的程式。我採取進攻型心態，向保全團隊展示他們的弱點在哪裡，大樓的防禦系統也因此變得更強大。

然而，儘管有前述的例子，企業和員工通常還是會維持防禦被動型心態，信任既有的系統，信任他們為了解決弱點而投資的金錢，忽略了可能會有人想方設法占便宜的事實。他們很適合被人占便宜。

就拿登機過程來說，大家一定都很熟悉這個場景：乘客按組別依序登機的時候，都會在登機門附近逗留，偶爾會往下看一眼登機證，上面可能寫著「Group 9」（第 9 組）。總之，乘客通常會在附近徘徊，等待自己的組別被叫到。我知道，機組人員會看登機證上的組別，確定乘客依照正確順序登機，但如果你是在家裡印出登機證，只要稍微修改，就能把「Group 9」改成「Group 1」。接著，你突然就成為第一批登機的乘客。同樣的原則可以應用在大會與博覽會等活動，不同顏色的名牌代表不同出入等級。你不需要什麼高階電腦繪圖技能，就能更改名牌的顏色。如果你自己不會做，身邊也一定有某個會做的人。

這些例子中，主辦單位留下了會被占便宜的缺口，因為他們信任自身既有的系統。前一章，我提到了「信任，但要驗證」這句座右銘，所謂的主動進攻，通常就是利用大家信任、但沒驗證的情況。

主動進攻 vs 有攻擊性

目前為止，我看似把駭客解決問題的做法描繪得具有攻擊性，但我不希望你因此以為自己必須保持好鬥，才能達到想要的目標。其實，相互支持、合作，往往才是邁向成功之路的要件，也是主動進攻原則的一環。現在來看幾個例子。

在職場上，你經常處於競爭環境，不是每個人都會升遷，不是每個人都會加薪。不管你喜不喜歡，身為員工，你不得不跟同事競爭。然而，這不表示你橫衝直撞，找機會打敗旁人，就可以快速升遷。主動進攻的意思不是那樣。如果你堅定又友善，跟同事相互交流，同時也證明自己是必不可少的成員，那麼你成功的可能性就會高出許多。有問題出現時，你不會去問主管：「這裡有問題，我們應該怎麼做？」你會跟主管說：「這裡有問題，這個是解決方案。」此外，如果你期待加薪或升遷，卻以挑釁的語氣向主管表達自己比較優秀、應該拿到更多，這樣絕對無法達到目標。進攻型心態的做法，首先是主動要求加薪或升遷，然後證明這不僅能為你、也能為企業帶來附加價值。

同理，在商業領域，要是對潛在客戶或投資人採取好鬥的姿態，通常不會有什麼好結果。主動進攻的意思是走出去，努力爭取客戶並拓展業務。有時，想創業的人會創立公司，小規模展開業務，然後等待創投資金或天使投資人出現，為他們鋪好業務擴展的道路。他們認為自己有很棒的點子，假以時日，投資人就會敲響他們的大門，但等待往往落空。進攻型心態的業主會親自走出去爭取，證明公司的價值，贏得投資。他們會採取積極主動的做法來尋找新客戶，也許會為潛在客戶提供一點免費的交易，藉此吸引更多客戶，將來就能產生更多有償工作。

重點在於走出去，去做需要做的事，這樣才能確保成功。畢竟，機會不會自動來到你的眼前。

當我想出駭客倉庫的點子，我不會說：「這個點子真的很不錯，我會等別人付諸行動，然後再善加利用。」我意識到這件事從來沒有人做過，這是炙手可熱的市場缺口，而我決定成為填補這個缺口的人。我採取行動，成立公司，積極去做為壯大而必須做的事情。進攻型心態讓我得到回報，我的公司很成功。

「主動進攻但不具攻擊性」，通常也是企業創新的關鍵，賈伯斯就是絕佳的例子。二〇〇〇年代初期，由於網路的使用以及MP3的便利性，盜版音樂猖獗。數以百萬計的消費者轉往Napster、LimeWire、Kazaa平台，下載成千上萬首歌曲，完全免費，當然也完全違法。為了應對這個問題，音樂產業巨頭們採取被動進攻型做法，展開攻擊型宣傳活動，好鬥地控告分享音檔的平台和個人，試圖遏阻群眾下載MP3的行徑。無庸置疑，他們的努力落空。每次他們關閉某個平台，不久後就會有另一個平台冒出來。下載歌曲的消費者人數很龐大，不可能一網打盡。

賈伯斯秉持「主動進攻但不具攻擊性」的心態，想出了解決方案。他意識到，數以百萬計的消費者違法下載音樂，並不是因為他們都是不尊重法律的冷酷罪犯，而是因為那已成為消費音樂最方便的方法。攜帶式ＭＰ３播放機日益流行（賈伯斯應該比大部分的人更明白這件事，第一代 iPod 就是在二〇〇一年推出），但在那個時候，要把歌曲放進ＭＰ３播放機，唯一合法的方式就是購買ＣＤ，放進電腦，再把歌曲複製到電腦，轉成ＭＰ３，然後再傳輸到播放機。簡單來說——麻煩死了。另一種方法比較輕鬆，消費者透過網路下載歌曲，然後直接把歌曲傳輸到裝置裡。

事後看來，解決方案似乎顯而易見，但是當時要具備創新又主動進攻的心態，才能顛覆音樂產業的常態。賈伯斯沒有把在線上下載音樂的人都說成是罪犯，反而決定提供平台，讓人們方便又合法地下載音樂。於是，二〇〇三年 iTunes 音樂商店就此誕生。剩下的事情大家都知道了。此後，音樂的數位傳輸已成常態，無論是透過下載還是串流服務（例如 Spotify），音樂產業就此改變。

這可以用我向來很喜歡的古老拉丁諺語作為總結：「fortis fortuna adiuvat.」，

意思是「好運眷顧無畏之人。」等待好運朝你展露笑顏，沒辦法帶你走向成功；有所成就者會走出去，創造自己的好運。

對手採取守勢，你更要進攻

我們最常抱持主動進攻原則的時機，就是遭受攻擊的時候。這類情況下，我們的本能會叫我們消極防禦，但這往往是一大良機，可藉此維持進攻的做法，達到勝利。

想想籃球比賽，敵隊在你這一端的球場上，不斷試著射進你的籃框，而你這隊的球員正盡一切所能擋住敵隊。你能做的，也差不多只有阻止敵隊得分。不過，只要你這隊的球員採取幾個積極主動的動作，突然間，籃球就出現在球場另一端，沒有任何一個敵隊球員在那裡，因為幾秒鐘以前，他們還在主動進攻。反擊，是通往勝利的最佳途徑。就算你的本能告訴你，應該下定決心、消極防禦，你還是要能夠維持進攻型心態。

面對攻擊，進攻效能有時真的會搖搖欲墜。二〇一七年，拉撒路小組（Lazarus Group）這個由北韓國家資助的駭客團體，發動了撼動世界的勒索軟體攻擊「WannaCry」，導致全球幾家大型企業和機構停頓。該次攻擊登上國際新聞，是史上規模最大、破壞性最高的網路安全活動之一。所有人都做出反應，設法防禦自己，躲開攻擊。所有人都是這樣，除了馬庫斯・哈金斯（Marcus Hutchins）。

哈金斯是位年輕的電腦駭客，住在英格蘭南岸某座寧靜的城鎮。WannaCry 登上國際新聞時，他自然很感興趣。他不去思考電腦系統如何防禦及躲避勒索軟體，反而查看病毒本身。他解構病毒，發現 WannaCry 程式碼有個怪異的部分，指向特殊的網址。病毒在感染系統前，會先試圖造訪某個網站，並且會在找到網站後停下來，找不到的話則會發揮作用，感染電腦。哈金斯認為，查看誰擁有那個網站，就能找出是誰發動攻擊。然而，結果是沒人擁有那個網站，網址本身沒有註冊。於是，他自行註冊網址，花了不到五美元，卻得到莫大的成果。此後每次病毒去查看網址，就會發現那個網站正在運作，於是就會停下來。勒索軟體無法發揮作用，病毒擴散不出去。哈金斯有效地讓 WannaCry 停了下來。他之所以達到這個結果，是因為他直接跟病毒較量，而不是想著系統可以怎麼防禦病毒。

面對攻擊時採用的進攻型心態，當然可以應用到電腦駭客領域以外的地方。請試想經濟衰退的情況。流動的金錢減少，民眾的支出降低，企業全面受到損害，收益大減。身為業主，你面臨的問題是如何在經濟逆境下繼續經營企業。你會怎麼做？你可能會去找，哪些領域可以減少支出，行銷也許是個常見的選擇，畢竟行銷跟企業生產力沒有直接關係，也讓人覺得有點奢侈。平時，你會想宣傳自己的品牌，讓競爭對手感到壓力，但是成本日益上升、收益減少，行銷就成了你沒辦法繼續負擔的奢侈品，對吧？不對！企業面臨經濟難關時，會把行銷列為裁減的第一波名單，可是實際上，這種時候反而要提高行銷費用才對。有一項研究以一九八〇年代初期，經濟衰退期間的企業為研究對象，結果發現，相較於削減行銷費用的企業，保有積極行銷策略的企業，銷售額反而增加百分之兩百五十以上。簡單來說，艱困時期仍主動進攻，就有很大的機會勝出，因為你的競爭對手都採取防禦立場。

主動進攻是駭客心態的關鍵原則，而且總是能帶來成果。無論是跨出既定的思考框架、採取積極主動的做法，還是在面臨逆境時維持進攻立場，遵循這項原則，是踏上成功之路的必勝方法。

5 原則②：逆向工程

記得《駭客任務》第一集結尾的場景嗎？尼歐體悟到自己是救世主，進而看得見母體的原始碼。那一刻，他環顧周遭，只看見程式碼。這是駭客最具代表性的象徵之一，呈現出駭客做的事情：總是查看系統，設法找出系統在基本層級的運作方式，以及利用系統的方式。就像尼歐一旦看得到原始碼，就發現自己能夠利用母體的參數一樣。接下來，我們會更深入探究逆向工程的過程，看看它能如何應用到各式各樣的情境。

拆解事物，然後複製或超越

了解事物運作方式的動力，是人類與生俱來的本能。從古至今，無論是自然現象還是人為系統，人類向來會對著它們修修補補，目的就是找出事物底下的基本原則。人類因此有所進展，也許是科技的進步，也許是社會的多元性。聽起來好像是件很偉大的事，但我們其實都有「理解事物」的渴望。把這份渴望導向正確的途徑，就掌握了勝出的方式。要理解某件事物的運作方式，最基本的方法，就是釐清它是由什麼構成、那些成分又是如何結合。

現代社會中，有一大堆逆向工程的例子。舉例來說，中國施行獨特的智財法，花了多年時間分析其他國家研發的機器與產品，試圖仿製。大約三十年前，中國製造的大部分產品等同於廉價又幾乎無法發揮作用的仿製品，如今，中國製造的科技產品已變得精密複雜。不僅仿造技術令人印象深刻，中國開發員也開始負責帶領新產品與創新產品的生產。中國堅守逆向工程原則，並將其發揮到極致，現在已經趕上美國，有望成為全球第一經濟體。

逆向工程在商業圈也非常活躍。每間企業都會設法找出競爭對手在做什麼，要麼是為了模仿他們，要麼是為了對付他們。最近，所有電腦幾乎都是使用圖形使用者介面（Graphical User Interface，簡稱 GUI），這樣使用者就能跟電腦程式互動，而且是使用現在所有GUI都普遍存在的四大元素：視窗、圖示、選單、指標。在這之前，使用者跟電腦互動的主要方式，是在命令提示中輸入命令。很少人知道這種GUI原本是由全錄企業（Xerox）開發出來；我們通常不會把全錄跟尖端電腦科技聯想在一起。然而，GUI發布後，Apple、微軟（Microsoft）等企業對其運作方式進行逆向工程，於是才有了今日大家都很熟悉的Mac作業系統和Windows作業系統。幾年後，十五歲的麥可・戴爾（Michael Dell）會在生日收到人生第一台電腦Apple II。他會立刻拆解開來，看看它怎麼運作。再過個幾年，他會創立自己的電腦公司，推出Dell個人電腦。

各式各樣的企業投入逆向工程，相互競爭。例如：肯德基把十一種香草和香料混合成獨一無二的口味，可說是速食界全體欽羨的對象；可口可樂將其獨特的成分保密一百多年之久。這兩家企業啟發無以計數的模仿者，他們全都竭盡全力，設法找出肯德基或可口可樂的滋味何以如此獨特。基本概念簡單明瞭：如果某個人成功了，那麼仿效他是很好的方式，有助於讓自己也變得成功，而且效果往往不錯。

然而，逆向工程不只是模仿而已。知名香港工程師黃文津（Jane Manchun Wong）運用逆向工程，得到莫大的成效，但對於仿效別人做的事情，她並不感興趣。她著眼於剖析新發布的程式和 App 程式碼，找出哪些潛在的特點可能在將來更新後取得成果。這麼做以後，她就能準確預測 Uber、Airbnb、Instagram、Venmo 等主要平台的發展。在這些企業打算推出平台的幾個月前，她就已在推特（今日的 X）上面發表預測內容。

另一個例子，是透過逆向工程修改電玩遊戲，讓玩家得利。很多系統會「被駭」，這樣玩家就能繞過系統內建的反盜版防護機制，玩盜版遊戲——在此澄清，玩盜版遊戲是違法的行為，但這個例子很適合拿來闡述逆向工程的應用方式。相較合法的例子是 Game Genie（又稱金手指，是一款電玩遊戲的作弊裝置），這類作弊裝置以逆向工程為基礎，成功開發並販售。開發員對電玩遊戲的程式碼進行逆向工程，想出他們需要應用哪種程式碼，才能讓玩家獲得遊戲不打算提供的能力。他們利用其他企業開發的遊戲，推出了賺大錢的產品。

正如我們所見，無論是哪個產業，逆向工程從以前到現在，一直都是取得優勢的主因。

對系統 PPT 進行逆向工程

電腦駭客在檢視系統並考量最佳操控方式時，會把系統想成是由不同的部分組成，而系統的各個部分，總是落在以下三種類別：People（人員）、Process（過程）、Technology（科技），簡稱 PPT。不同系統會以不同的方式使用這三種元素，使用的程度也不一。駭客會分別透過這三種鏡頭，深入了解系統，掌握它的弱點，並經由這些管道發動攻擊。

Uber 就很適合用來呈現 PPT 逆向工程在商業領域的運作方式。Uber 員工檢視當時的主流計程車服務模式，然後分析其運作方式。他們發現，計程車服務非常側重 PPT 的「人員」層面，所以「過程」和「科技」這兩個層面很弱。他們認為，在「過程」和「科技」層面上跟既有企業競爭，成功機率最高。對手在這兩個層面最弱，因此，這兩個層面就是 Uber 最容易勝出的地方。於是，

Uber 把自己定位成側重科技與過程的計程車公司，幾乎把所有人員的元素去除，後來也確實大受歡迎。這麼做的第一個結果，當然就是 Uber 在人員方面變得很弱。過去幾年，數起引人矚目的法律案件使得 Uber 深受其害，Uber 開始嚴格審查司機的雇用狀況。這讓人不由得猜想，會不會有人出手對 Uber 模式進行逆向工程，承接科技與過程的創新，然後在人員層面取勝？

透過人員、過程、科技這三種鏡頭進行逆向工程，也可以讓你在職涯發展方面獲得成功。假設你要求職，從招聘經理的觀點來看，一定會有過程。也就是說，他會先查看履歷和求職信，然後再列出候選名單，邀約面試。招聘經理也可能運用科技；最近很多企業都會使用ＡＩ系統，以關鍵詞作為條件，分析履歷，自動過濾掉不符條件的求職者。只要針對招聘採用的科技與過程進行分析，就能修改你的求職內容，確保你的履歷是在一疊面試候選名單的上層。當然還有人員層面，你拿到面試機會後，可以針對面試官做好準備工作。對方的職位是什麼？對方的工作內容是什麼？對方喜歡什麼？面試官通常會有 LinkedIn 頁面，或在企業網站上有簡介。請做好功課，確保你對面試有十足的掌握。

你在運用駭客手法、邁向個人財務成功之路時，若能對ＰＰＴ進行逆向工程，也會發揮強大的力量。在科技層面，分析市場趨勢時使用的金融科技和演算法，有很多內容可以闡述。而說到人員，有無數證券交易員和基金經理人是從你的投資金額中賺錢，不見得是從你賺到的利潤中賺錢。不過，我想要特別把重點放在過程。個人財務的過程，總歸就是算數並採取系統化做法來處理財務。很多人都是賺錢、花錢，也許隨意存一點錢下來。彼特．阿登尼（Pete Adeney，亦稱錢鬍子先生）提倡提早退休，他自己在三十幾歲順利退休，觀察到以下現象：很多同儕就只是花用自己賺到的錢，絲毫沒考慮未來。所以他坐下來算數學，查看各種投資選擇，發現要是投資在很安全的指數基金和租屋計畫上，就能創造出百分之五的可靠收益。有了這個資訊，他計算數字、想出圖表，依照所得投資比率，呈現出他可以多早退休。投資百分之五的所得，六十六年後就能退休；要達到目標，目前的所得顯然沒什麼幫助。投資百分之九十五的所得，不到兩年就能退休，但這顯然辦不到。不過，有一大堆中間點：投資所得的百分之五十（生活方式更節儉就辦得到），十七年後就能退休，也就是說，三十幾歲就能退休，這是他二十歲出頭做出的結論。他對財務管理過程進行逆向工程，打開了通往財務自由的大門。

用對手的眼睛去看

網路安全人員一職，最重要的就是從對手的角度檢視系統。如果你是白帽駭客，你會思考黑帽駭客可能會怎麼接近系統，以便封鎖黑帽駭客依循的攻擊途徑。另一方面，黑帽駭客也會思考網路安全人員怎麼檢視系統，希望找出系統安全防護的盲點。從對手的角度審視事物，向來都是從對戰中勝出的最佳方法。

新英格蘭愛國者球隊教練比爾．貝利奇克（Bill Belichick）就是這種做法的專家，並且因此聲名遠播。在職涯早期，他最出名的特點就是會研究敵隊的比賽錄影，弄清楚敵隊的打法，並且擬定反制策略來打敗敵隊。這種做法大獲成功，他還因此成為美國國家美式足球聯盟（ＮＦＬ）極受尊崇的教練。自他在一九八〇年代擔任教練以來，比賽錄影越來越容易取得，而直到今天，貝利奇克還是繼續採用自己的做法，不斷研究影片。前陣子，他在訪談中表示：「你可以透過不同的角度、不同的錄影帶，用不同的方式觀看比賽，這樣真的可以捕捉到很多細節。」他從對手的角度檢視事物，這樣的能力與毅力，正是他教練本領的關鍵。

有一個比較簡單的例子，可以呈現這種做法如何發揮作用。這個例子來自我的童年。我小時候經常玩百變魔尺（Magic Snake Puzzles），它由一連串相互連結的節段組成，可以組合成立方體。每個題目只有一種方式，可以組成某個立方體，而遊戲主旨就是想出那個組合的方式。題目有不同難度，從簡單到困難，概念是從簡單的題目開始玩起，再玩比較困難的題目。這就是我在做的事：先解決簡單的題目，再解決困難的題目。難度較高的題目肯定比較近似挑戰。我花了一些時間暫停，站在設計者的立場，設身處地思考。假如我負責設計題目，那麼我要怎麼把題目設計得更難？嗯，玩家應該要完成簡單的題目，改做困難的題目，從簡單的題目中自然而然奠定基礎，然後應用到困難的題目上。所以，如果設計者真的想要把題目設計得困難，就會預料到這點，把困難題目的解法設計得跟簡單題目的解法截然不同。我依循這項原則處理困難的題目，輕鬆解題。

從貝利奇克和我玩百變魔尺的經驗來看，關鍵就在於設想另一方的心境。只要找出別人的做事方法，就能想出最佳解決方案，也得以戰勝困境，獲得成功。

運用深刻的理解、用對手的眼睛來看待事物，就可以說是一種仿效。白帽駭客一直都在做這樣的事，扮演惡意駭客、做出惡意駭客為了侵入電腦系統會做的事情，這叫做「對手模擬」。這個關鍵環節會揭穿系統的弱點。

在網路安全領域，風險最高的戰爭通常發生在國與國之間。「進階持續性滲透攻擊」（Advanced Persistent Threat，簡稱 APT）是描述極其危險的駭客活動，而且往往（但不一定）是由國家資助的駭客團體執行。舉例來說，中國支持的駭客活動被稱為 APT3，過去曾經鎖定美國和香港的受害者。另外還有其他 APT 活動，分別由俄羅斯、北韓等國家資助。要防禦這類駭客活動，模擬對手很重要。網路安全人員會分析駭客攻擊的每一個細節，把攻擊過程拆解並重現，直到確切了解情況是如何發生。也就是說，將來駭客團體發動類似攻擊時，白帽駭客會掌握情況，做好最充分的準備，防禦駭客團體的攻擊。

商界當然到處都是模擬競爭對手的例子。這策略其實不壞，如果有某家企業真的表現很好，那麼仿效那家企業是個不錯的方式，可以幫助你接近成功。但是，你必須謹慎為之，因為別家企業的成功關鍵，也許不是表面上看起來那樣。此時，駭客級逆向工程就會發揮作用。你對系統解構得越完整、越仔細，仿效或模擬就越有可能成功。

竄改參數

對你遇到的系統進行逆向工程，無疑能讓情況變得有利於你，但你要運用自己對系統的所知，把系統帶到意料之外的地方，才能發揮這種做法最強大的層面。總之，就是要在預期參數外運作，並且讓系統進入駭客所稱的「外部邊界狀態」（outer-bound condition）。重點是找出系統的運作方式，然後對該系統的各種參數進行實驗。結果往往出乎意料，會帶來豐碩的成果。

有個簡單的例子：電子商務網站。網站上有各種物品的價格，系統被建立成預期每件物品的價格都是正值。那麼，如果系統被誤導為某件物品的價格是負值，會發生什麼事？網站會核准該名使用者嗎？嗯，那就要看系統建立得有多精密複雜。但是積極採取行動，看見系統對意想不到的情況做出何種反應，正是竄改參數的重點。這個過程往往會帶你發現並利用新的機會。

電玩遊戲的競速破關者，也會採取這種做法。玩家表現出遊戲未預期的行為，使遊戲產生小故障（glitch）。競速破關者會利用這類小故障，以平常辦不到的速度飛快破關。

利用竄改參數的做法，當然不只是電腦系統的特點。我們回到體育運動的領域，看一下比利・比恩（Billy Beane）的情況。比利・比恩是棒球選手與教練，他決定對比賽進行逆向工程，企圖贏過對手。如果你是打擊方，棒球比賽奠基的系統設計是要你把球打得更用力、更遠。全壘打就是用來獎勵這種行為，所以如果你盡量多打出全壘打，就會累積到最高分。問題是，打出全壘打非常困難。這就是比利・比恩研究系統時發現的現象，而他也懂了，如果把打出全壘打這件事拋在腦後，轉為專心把許多能打出扎實安打的選手組成一隊，就更有可能贏得比賽。雖然光榮的全壘打減少，但是利用可行度高出許多的安打來持續得分，讓團隊的表現遠勝於其他球隊。站在竄改參數的角度來分析這種情況，就會明白比利．比恩的思考方式何以像是一名駭客。他了解棒球比賽的所有規定和參數，然後從意想不到的角度應對，因此大獲成功。

人會在各種背景脈絡下挑戰系統的極限。我曾經聽過一個很棒的故事，講的是住在軍營受訓的軍校生。軍營有一條全體適用的規定，軍校生不得在軍營駐地存放酒類，而由於軍營的邊界位於軍校生實際居住地點往外好幾英里的地方，因此軍校生基本上沒辦法接觸到酒類，這當然也是該條規定的目的。然而，軍營也剛好位於海岸邊。有個目光如鷹眼般銳利的軍校生發現，軍營的邊界大致隨著海岸線劃定，意思是軍營旁邊的海洋區域不隸屬軍營駐地。於是他們弄到一箱啤酒，放到海岸附近的大海裡，還綁在木樁上，免得漂走。他們想喝啤酒的時候，很容易就拿得到。軍官甚至沒辦法懲罰軍校生，因為該條規定是說軍校生「不能在軍營駐地存放酒類」，而他們並沒有這樣做。軍校生在不違法的前提下，硬是把這條規定用在意想不到的地方，藉此達到他們想做的事情。

這其實就是竄改參數的用意：尋找系統的輸入與輸出，找出中間的缺口，再利用缺口來贏得勝利。

讓系統對你有益

進行系統的逆向工程，是戰勝系統的手段之一。我們與系統往往是敵對的，別忘了駭客原則一：主動進攻。如果你正在對抗系統或與他人競爭，逆向工程是最佳著手方式。

逆向工程會幫助你辨識系統何時有利於你、何時需要戰勝它，這兩種情況有個關鍵，那就是要理解系統的運作方式，並且記住，你想要盡量快速又有效地達到目標。如果要戰勝系統，必須以某種方式運用你的知識，那麼這就是你該做的；如果達到目標的最佳方法是在系統內部作業，那也沒關係。最重要的，就是達到你的目標。無論你的目標為何，逆向工程都會是你最棒的工具。

6 原則③：就地取材

電腦駭客有幾個家喻戶曉的稱號，其中一個當然就是「匿名者」，他們是一群躲在V怪客面具背後的活躍駭客。過去十年左右，還有一個聲名狼藉的駭客集團，叫做拉撒路小組，他們是國家資助的駭客團體，負責執行北韓政權的命令。二〇一四年，拉撒路小組針對索尼影業（Sony Pictures）發動大型攻擊，因為塞斯・羅根（Seth Rogen）拍攝的電影《名嘴出任務》（*The Interview*）描繪了金正恩刺殺案。那次攻擊搞垮了該企業的IT系統，還取得一些高度機密與敏感資訊。駭客威脅要公開那些資訊，索尼最後只好取消《名嘴出任務》的院線上映。歐巴馬總統因此發布新聞稿，譴責北韓政權是這起行動的罪魁禍首。

那麼，歐巴馬總統怎麼知道北韓政府是駭客攻擊的幕後黑手？簡短的答案：聯邦調查局（FBI）告訴他的。完整一點的答案，則出自FBI內部的網路安全專家，他們認出攻擊索尼的程式碼元素，之前也被用在多起跟北韓有關的攻擊上。我記得當時某位報導該起事件的主播在解釋時說：「電腦駭客有點懶惰，他們不會發明已經存在的東西。如果他們已經有行得通的程式碼，就會反覆使用它。」聽到這個說法，我忍不住笑出來。駭客就是這樣。第三條駭客原則「就地取材」就是想要探討這件事。如果已經有完好的輪子可供使用，駭客就絕對不會重新發明輪子。

駭客其中一項基本特質，就是善用資源。記住，駭客的目標是盡可能以最少努力，達到最大的成果。關於這一點，下一章會更具體說明，並探討風險型決策。開始進行新專案時，很多人會本能地從頭打造一切。這種做法看似合理，畢竟新的專案需要新的工具，然而，駭客發現這種做法會浪費很多心力。關鍵在於，利用自己已經擁有的東西，確保過程盡量有效率。如果你正在組裝家具，而且手邊已經有一把螺絲起子，那麼你並不會出門去買新的螺絲起子。同理，如果你已經在之前的專案中開發出一些實用的工具，那麼在未來的專案中，你可以再度利用那些工具。

有一句老生常談：「站在巨人的肩膀上。」古羅馬神話中，矮人站在巨人的肩膀上，就能碰觸到天空，駭客就是在做這樣的事情。駭客會利用所有可用資源，就連過去其他駭客所開發出來的工具，他們也會基於各自的目的重新利用。

運用系統內部的資源

就地取材的重點，不只是重新使用你之前用過的工具。其實，駭客通常會利用被攻擊系統內部已經存在的資源。電腦駭客入侵系統，都是為了在系統內做某件事，也許是取得機密資料，也許是安裝額外軟體。無論他們想要做什麼，都需要執行某些程式碼，以便達到目標。然而，很多企業的電腦系統都建置了端點偵測與防毒系統，會把所有陌生的程式碼當成可疑或惡意程式碼，不允許它執行。駭客的解決方案，是使用系統裡已經有的二進位程式碼，去做他們想做的事情。二進位程式碼已經受到系統信任，不會被防毒軟體封鎖，所以駭客可以利用它來達成目的。駭客稱之為「二進位與指令碼的就地取材」（Living Off the Land

Binaries and Scripts，簡稱LOLBAS）。

這種做法聽起來有點難理解，我們來看看更扎實的例子，說明利用系統內部的資源可以如何獲得回報。本書的開端，我講述了我和克特．葛呂茲馬赫（Kurt Grutzmacher）是怎麼駭進二〇〇七年的麥金塔世界博覽會，這個例子很適合用來呈現駭客技術如何幫助我在多年來獲得機會。你可能會想，我到底是怎麼順利駭進系統的？其實，多半是拜就地取材的原則所賜。

麥金塔世界的網站採用優惠代碼的系統，可以讓使用者取得不同類型的通行證。你在大多數的電子商務網站都看過那類優惠代碼方塊，通常是在結帳頁面上，有個方塊會提醒你輸入優惠代碼。如果代碼有效，你就會獲得折扣或某個特別的優惠。你也可以試試輸入一般代碼，碰碰運氣，例如 15% OFF，搞不好會獲得意外的折扣。總之，麥金塔世界採用同一種系統，背後的構想是：如果你是持有通行證的成員，Apple 會給你代碼，預定入場券時，你可以在網站上輸入代碼，然後就會免費獲得贈票，省去將近一千七百美元。

目前為止，一切正常，系統並非使用容易破解的代碼——如果使用者逐一嘗試所有可能的字母與數字組合，網站不久後就會注意到並封鎖他。早在你碰巧想出正確代碼前，你就會發現自己被封鎖了。站在系統的角度來看，這似乎是個相當安全的做法。然而，我們卻發現可以利用的漏洞，簡單來說，就是要在處理流程中抄捷徑。

使用者一輸入代碼，網站就必須驗證代碼是否正確。你想像的可能是代碼被送回伺服器進行驗證，然後驗證結果再被送回使用者的電腦。這算是比較謹慎的方法，但為了減輕伺服器的負載，網頁開發員選擇在使用者的電腦上進行代碼驗證，這樣就可以避免其他方式必有的來往。要做到這一點，就必須把有效代碼存到網頁的原始碼，如此一來，網站就可以在使用者輸入代碼的當下立刻檢查。

這些事情我們一開始都不曉得，但我們是好奇的駭客，當然會看一下網頁的原始碼，結果原始碼竟然列出有效的代碼。你們可能無法想像，我們看到的時候有多開心。代碼當然不是簡單明瞭地寫在那裡；原始碼裡面的代碼已加密，但很容易就能解密。不到幾分鐘的時間，我們就看到完整的有效代碼清單。後面的過程非常簡單：分別輸入各個代碼，看看代碼會提供的通行證種類。大會通行證？

超級通行證？才不要。我們要的是最高等級的權限——白金通行證。嘗試輸入各個代碼幾次以後，我們找到了會提供白金通行證的代碼，剩下的事情大家就都知道了。

我們之所以能駭進麥金塔世界，關鍵在於看到網站本身提供的內容，並認清我們可以怎麼利用它。這便是就地取材的真正意義。日常生活中，這項原則的應用無以計數，現在來看看幾個案例。

如果要尋找特定主題的書籍、做點研究，很多人會選擇去圖書館。尤其是在網際網路真正起飛、維基百科時代出現之前。我小時候做學校作業，主要的資料來源就是當地圖書館。圖書館是很棒的資源，這點無庸置疑，但圖書館還有另一個很少人注意到的資源，那就是圖書館員。如果要找特定主題的書籍，你可以仔細查看書架，直到找到你想找的書，也可以直接問圖書館員。圖書館員通常都能直接指引你找到相關書籍，也會提供其他有幫助的建議。

另一個例子是TSA照顧專線。如果你曾經去機場，對於安檢流程應該很熟悉。整個過程是由美國運輸安全管理局（Transportation Security Administration，簡稱 TSA）執行，不管費時多長、多不方便，大多數人都會乖乖接受。然而，他們不曉得 TSA 有個計畫叫「TSA 照顧專線」，TSA 會提供額外協助，幫助有特定需求的乘客通過安檢。當然，不是每個人都符合該項協助服務的資格，只是確實有很多人沒意識到這個計畫的存在。這是一項免費提供的資源，大家可以多加利用。

最後，假設你要應徵特定企業的工作，而你想要更了解他們的組織架構，如果該家企業屬於公部門，可能會在網站上列出所有人員資訊，包括各種職稱與薪資相關情報。其實，也有不少私人企業會在線上公布工作細節。只要稍微做一點功課，就能從人員的角度掌握組織樣貌，還能在求職過程中利用那些資訊。

生態系統的資源

就地取材不限於系統內既有的資源，有時，資源也會出現在系統外部，例如總體環境或生態系統。我在本章開頭就提過，這個原則的基本層面是要有資源意識，並利用隨處可得的資源。電腦駭客圈有一種現象，可以視為就地取材的延伸或子類別：從信任的網站就地取材。駭客會利用備受信任的知名網站子網域，誘騙目標對象去信任那些含有惡意內容的連結。駭客會利用 Google Docs、Dropbox 等無害的平台；很多人習慣使用這些平台，不會覺得可疑。

網路上充滿免費資源，誰都可以使用。舉例來說，軟體開發網站 GitHub 就有一堆開源軟體專案，網站上提供的原始碼，誰都可以取用。GitHub 網站提供的資源不限於軟體開發，上面的「超讚清單」（Awesome Lists）是使用者生成的清單，含有各種主題的資源，有比較平凡的主題（例如電玩遊戲），也有比較重大的主題（例如商業與個人財務），且都附有連結。只要在 Google 上面搜尋幾次，就可以找到很多提供資源的平台。前文提過應徵工作、想了解組織人員的例子，請回頭思考這個情境，只是這次把目標換成私人企業。如果企業網站上沒有提供組織細節，你會怎麼做？如果你只想取得人事組織圖，了解誰在哪個團隊、誰負責管理誰，那麼你很有可能一無所獲。不過，你可以去 LinkedIn 和其他社群媒體平台做一些調查，使用那些免費資訊拼湊出準確的企業結構樣貌。資訊一直都在外面等你，你只要走出去就可以取得。

有時，只要了解該怎麼使用我們已經擁有的內容，就可以找到資源。大家一定都看過 VPN 的廣告吧，感覺好像所有 YouTuber 都跟某一家 VPN 供應商簽了贊助協議。這些廣告不斷重複著使用 VPN 的好處：遮蔽你的網路活動與流量、欺騙網站，讓網站誤以為你在某個你其實不在的地方，藉此取得鎖區內容。前述確實是使用 VPN 的好處，但還有其他方法可以變更你名義上的地點，只是很少人會光明正大地提到它們。其中一個例子就是：你可以利用「訂閱」。在美國，Netflix 高級訂閱方案費用是一個月十九點九九美元，而在土耳其，一個月的訂閱費用實際上只有五美元出頭。有 VPN 的話，就可以騙過系統，讓系統以為你在土耳其，訂閱的月費就會便宜許多。

這是就地取材的關鍵層面：認知到我們已經能使用哪些資源，並且這些資源其實可以有更廣泛的應用。這可能很簡單，像是利用可輕鬆取得的資源，透過模仿來磨練自己的技能。創意人士很常採用這種做法。很多作家一開始是寫同人小說，一邊寫一邊學習寫作的技藝；而音樂家會花大把時間翻唱他們喜愛的歌曲。就算是文藝復興時期，米開朗基羅、達文西等知名藝術家也會臨摹其他藝術家的作品，把握機會學習並精進畫技。總之，就是要善加利用可用的資源來精進自己。在文藝復興藝術家之外，還有個相當引人矚目的現代案例。近來ＡＩ生成藝作激增的現象十分驚人，只要輸入提示語，ＡＩ就會製作出令人驚豔又準確的作品。ＡＩ之所以能做到這件事，是因為它已處理過成千上萬幅網路上可免費觀看的藝作，因此學會了類似的製作手法。二〇一八年，一幅ＡＩ生成藝作在佳士得拍賣會的售價超過四十萬美元。

暫時回到拉撒路小組。二〇一七年，該團體發動 WannaCry 勒索軟體攻擊，撼動全世界。勒索軟體是用於網路勒索的軟體，會把電腦上的資料加密，等到受害者支付贖金才解密。WannaCry 的攻擊之所以如此特別，是因為這個勒索軟體附加在加密蠕蟲上。加密蠕蟲是具有高度感染力的電腦病毒，不需要人類開啟電子郵件或點選可疑連結，就可以在機器間自主移動。短短幾小時，病毒就已經走遍兩百多個國家，感染數十萬部電腦，影響各大組織，像是波音、英國國民保健署。說來諷刺，加密蠕蟲並不是拉撒路小組開發出來的，而是在美國境內、由國家安全局（NSA）開發，後來被另一個駭客集團「影子掮客」（Shadow Brokers）偷走並公開。而拉撒路小組就只是用了一點相當典型的勒索軟體，把那些漏洞利用程式放在一起。某位評論員總結：那就是把「相當粗糙的勒索軟體，附加到國安局開發的高成效武器級漏洞利用程式，讓它變成武器，用來攻擊世界各地的國家」。

到處都是可利用的資源

我當然不是建議你去找惡意軟體來詐騙大眾，但是這個故事證明了一點：利用免費的資源，就能產生莫大的影響力。同樣的道理，也適用於合法企業。過去，如果你想開一家零售商店，你會發現這件事超級困難，要尋找場地、要投資付款系統，還有一大堆事情要做。在現代的後網路世界，這件事變得容易許多。我說的，不單單只是建立電子商務網站。從 Shopify 到 Etsy，已經有多個平台建置了完整基礎架構，你只要善加利用，就能開始銷售。開一家零售商店需要成本嗎？當然，但你可以在過程中省下很多時間和心力。如果你在八〇年代或九〇年代開店，可能要花好幾年的時間才能萬事齊具，如今只要一陣子就能準備好，這都是拜可用的資源所賜。

利用資源的機會隨處可見。有些人會為了首刷禮中辦多張信用卡，刷到首刷禮的最低金額後就取消信用卡。二〇〇〇年代晚期有個特別有趣的例子，當時美國鑄幣局想要鼓勵民眾多用一美元硬幣，少用一美元紙幣，因此制定計畫，用免運費的方式向民眾販售硬幣。之後，一大堆民眾刷信用卡購買大量硬幣，然後立刻把硬幣存進銀行帳戶，再用那些錢支付信用卡費用。耗費心力極低，也沒有總開支（只要支付開車到銀行的油錢），因此順利累積高額現金回饋、飛行里程，還有信用卡公司為鼓勵民眾刷卡而提供的福利。

這跟幾年前發生的另一件事很類似；我現在想到那件事，偶爾還是會暗自發笑。千禧年交替之際，一般家庭的網路連線才真正開始起飛。微軟急於利用網路消費者激增的情況，推出遍及全國各地的大型活動。消費者只要跟微軟簽下多年期的上網合約，就會獲得四百美元的回饋。

根據這個方案，你可以去幾家商店買一大堆電子產品——其中最有名的是百思買（Best Buy）消費電子零售商——然後只要註冊MSN，就能現場折抵四百美元。從微軟的角度來看，這種做法完全合理。沒錯，他們送了一大堆錢作為激勵誘因，但是長期顧客帶來的收益大多了。然而，這項方案有一個缺陷。

根據加州和奧勒岡州的合約寫法，你可以簽下合約，拿到四百美元的回饋，然後立刻取消合約，不用支付罰款，也不用承擔後果。微軟基本上等於把四百美元免費送。消息傳開後引發的混亂，可想而知。為了利用這個方案，顧客蜂擁至合作商店，在隊伍裡等好幾個小時。我當時人在加州，一定要去拿價值四百美元的免費商品。我當然沒有排隊等好幾個小時；到了某個時間點，投資的時間價值就會高過於回報。不過，這個漏洞在廣為人知前就已先在網路上傳開，我也早就分到一杯羹了。

微軟意識到這個情況，顯然是隨即採取行動，補上漏洞，但對於已經利用漏洞的人，微軟毫無辦法。他們遵守合約條款，合法取得免費商品。仔細思考，你會發現微軟事件跟我駭入Macworld，兩者基本上沒什麼不同。兩個案例都是利用設計者所犯下的錯誤，讓系統把免費的資源提供給我們。這正是就地取材的核心。其中一例是實際的網路駭客技術，需要一點電腦知識，另一個案例則完全不用具備電腦或編碼知識，但兩種情況都屬於同一項原則。

總之，像駭客那樣思考、應用就地取材原則，重點是意識到所有可以輕鬆取得的資源和機會，並充分利用。就算跟一開始打算的用法不一樣，那也沒關係。無論那項資源是位於你試圖戰勝的系統中，還是更廣義的可用資源，只要依循就地取材原則，你就能以最少的心力，達到最大的成果。

7 原則④：衡量風險

我們在人生中所做的每件事都附帶相關風險，也許是足以改變人生的重大風險，也許是比較微小的風險，例如浪費一點點時間。理解風險，知道何時值得冒險、何時不值得，是駭客決策過程中的關鍵環節。因此，我將之列為駭客心態的第四原則。

計算期望值

期望值是機率論裡面的概念，用以計算特定活動所有結果的機率分布。它不會太過深入數學，很適合用來計算某個風險是否值得去冒。舉例來說，如果你在丟硬幣，試著預測硬幣是正面還是反面，那麼為了算出期望值，就要對兩個結果分別指定一個值，例如正面是 1，表示「贏」，反面是 0，表示「輸」，然後在兩者之間找出平均值。這個情況下，平均值是 0.5，這樣就能判定兩個結果的機率。這是相當簡單的例子，畢竟只有兩種結果，機率也相同。然而，如果你是擲兩顆六面骰子，結果的機率分布就會不一樣。兩個一和兩個六是機率最低的結果，因為你只能用同一種方式擲骰子，而越接近中間範圍的值越常出現，整體期望值是 7。

期望值對於風險管理很有幫助，它會讓你有個扎實的準則，來評估眼前的風險。我們已經知道，丟硬幣的期望值是 0.5。如果我們要對丟硬幣的結果下賭注，那麼從 0.5 的期望值來看，賭正反面的命中率應該都是五成。以較差的賠率（例如二賠三）下賭注，超過丟硬幣的期望值，最後可能會輸掉；以較好的賠率（例如二賠五）下賭注，很有可能會贏過別人。只丟硬幣一次，情況可能不明顯，但機率往往是反覆運算得出，所以如果賭的是一百次丟硬幣，計算期望值就特別有用。

這種做法是撲克牌遊戲中的常用策略。在外行人的眼裡，撲克牌看起來像是全憑運氣的遊戲。對很多非正式玩家來說，撲克牌的祕訣就是讀懂肢體語言，並找出誰在吹牛、誰沒有吹牛。運氣和吹牛當然都有影響，但是玩撲克牌的另一個關鍵，就是計算風險。你看得見手中的牌，看得見桌上的牌，然後使用這些資訊來計算對手好壞牌的機率，並根據計算結果做出最有利的賭注。換句話說，你計算的是當下的最佳期望值。前職業撲克玩家安妮・杜克（Annie Duke）說了很多關於這個概念的事，即賭注思維何以有利於決策。

賭場應該很適合呈現期望值大規模運作的情況。賭場一定會計算他們所有博弈平台——輪盤、二十一點甚至是簡單的吃角子老虎機——的期望值，再把投注賠率提供給消費者。由於賭場已反覆運算成千上萬筆賭注，所以莊家始終會勝出。總之，這就是簡單的數學運算。不過，這個原則當然可以有更廣泛的應用，我們會在下一章了解電腦駭客如何利用大規模社交工程活動。在這類活動中，要誘導任何一個人犯錯，可能性通常很低，但同時有很多人都是目標對象，所以任何人掉進陷阱的可能性就變得相當高，而駭客便會據此計算期望值。有了數據作為依據，駭客就能判定某次活動值得付出多少時間和心力。下一章會更詳細探討這一點。

在那之前，我們先快速回顧第一個駭客原則「主動進攻」，尤其是這個論點：進攻是最強大的防禦。之前舉了鬥劍的例子，一位鬥士不斷攻擊，另一位鬥士什麼也做不了，只能防守。不過，前文沒有提到一件事，那就是不同的動作具有不同的價值，視情況而定，有些攻擊的價值就是高於其他攻擊。若想贏得比賽，鬥劍士要不斷評估哪些動作在任何時間點都具有最高的價值。簡單來說，就是計算每種情況下的期望值。鬥劍士可能是下意識進行計算，但這跟「撲克玩家計算期望值，找出任何時間點的最佳動作」同理。你會自然而然地從期望值的角度思考風險型決策，這種心態，正是這項駭客原則的核心。

成本的兩大關鍵要素

計算哪些風險可以承擔時，最基本的，就是在付出的努力程度及得到的收益之間找到平衡。駭客不會不計成本地投入某件事；那件事必須值得付出努力。某些情況下，駭客的行為看起來就像「金錢不是目標」（記得前文提過國家資助的駭客和紅隊吧？）其實，唯有利害關係高到足以成為正當理由時，才有可能如此。除非會產生價值更高的結果，否則沒有人會花大把時間和金錢做某件事。

「成本」有兩大關鍵要素：金錢與時間。金錢這項要素簡單明瞭，你可以從買賣的角度來思考。如果你花一百美元買某樣東西，以兩百美元賣出，這表示你做得不錯；然而，如果你花一百美元買東西，以五十美元賣出，顯然就不是很好的結果。不管是哪一種交易，都必須確保自己始終獲利，在風險評估方面待在正確的那一邊。

然而，時間這項要素的重要程度，就沒那麼容易理解了。我們的社會往往低估了時間的價值，這個成本的價值也隨之被忽視，畢竟大家都把注意力放在容易計算的金錢數字上。如果要花好幾個月的時間侵入系統，卻無法獲得收益，那麼電腦駭客絕對不會花那些時間。時間的價值適用於所有人，我們應該都意識到自己的時間有多麼寶貴。幾年前，我有個朋友很沉迷於找出最划算的汽油價格，他會開車去找哪些加油站賣的汽油比近處、更便利的加油站還要便宜個幾美分。以前我經常為此感到困惑，除了開車去遠處的加油站要花額外的油錢，去到偏僻的加油站，往返甚至要花上半小時，就為了省那麼一點點錢，值得嗎？在我看來，似乎不太划算。

風險與回報

計算付出的努力程度，還有一項要素：探究相關風險程度。就其本質，這顯然非常投機，但如果仔細思考，就能採取系統化、通往成功的做法。呈現風險與回報如何以計算的方式保持平衡，其中一例就是買樂透。傳統觀念認為，人根本不應該買樂透，因為贏的機率微乎其微，但如果你坐下來好好計算，就會發現不見得是如此。假設贏得頭獎的機率是兩億五千萬分之一，在這種情況下，如果頭獎是兩億五千萬美元，那麼贏得頭獎的機率微乎其微，可能不買樂透比較好。不過，如果頭獎超過兩億五千萬美元，那麼從一美元彩券得到的收益來看，賭這個機率就很合乎數學邏輯。

就算計算結果有利於你，你還是極有可能不會贏。你可以自行決定，是否要在沒有最大優勢的情況下買樂透。計算收益機率的原則，可以應用在各種領域。其實，這正是創投基金依循的原則。大部分新創公司都會以失敗收場，所以投資新創公司向來是頗具風險的交易。不過，只要算出成功機率，並確保投資的收益能夠彌補所有損失，那麼創業投資家幾乎都能賺到利潤。

我們也需要意識到自己所冒風險的真正本質。大家往往會高估某個情況的風險，尤其在風險不是貨幣、也無法賦予數字價值的時候。舉例來說，每個人都害怕失敗、怕丟了面子，所以總是猶豫不決、不敢冒險，畢竟沒有人想被視為失敗者。不過，對於別人的失敗，大眾的關注度其實沒有你想的那麼高，人們通常很快就會拋諸腦後。世界上很多極其知名的成功創業者，都是經歷多次失敗才終於獲得成功。人類對成功的關注度，遠遠高於失敗。談到風險計算，失敗的可能性經常被高估，但失敗的後果其實沒有那麼重要。據此調整你的風險計算，就會明白現實中有很多情況值得採取行動。

與害怕失敗有關的，還有抗拒改變。這是另一項導致風險被高估的約束因素。人很容易適應習慣的情況，並從中獲得慰藉。我們也許以為事情進行得很順利，要是採取什麼行動，反而可能導致情況惡化。請回想駭客「持續改善」這項特性。駭客從來不會對停滯的現況感到滿意，而是會改善情況。唯一的方法就是做出改變。無論是換工作、嘗試新的商業策略，還是採取新的投資組合，「情況會變」這個事實本身並不算是風險因素。要改善情況，就一定要改變。

回到時間的觀念。我們的冒險能力通常會在年紀漸長後逐漸降低，必須認清這一點。一方面，人年紀大了，自然變得更保守一點、更會迴避風險，這是一種心理狀態，我們能夠加以克服。另一方面，還有一些因素會導致冒險變得困難。隨著年紀漸長，人通常會承擔更多承諾與責任，也許是有房貸要付，也許是剛成家、有小孩要照顧，這些事情通常意味著冒險的風險提高了。並不是說你背負了這類責任，就根本不應該冒險，但先知道將來要冒險可能沒那麼容易也好，尤其是在你年紀較輕、肩負承諾較少的時候。

計算真正的風險程度很重要，計算你可能獲得的回報的真正價值也同樣重要。有別於風險只是數學問題，回報的計算沒那麼單純。嘗試某件事通常會獲得額外的好處，這一點也應該納入考量。假設你是業主，正在考慮參加大會、招攬生意，那麼你的主要目標就是拿下新客戶。但就算你在大會中並沒有獲得任何直接的成果，至少成功地把自家公司的名稱散播出去，在市場上因此更引人注目。有時，回報的概念甚至有可能與你個人無關。舉例來說，馬斯克帶領特斯拉大獲成功，現在正繼續投入 SpaceX。然而，在著手展開這兩個事業前，他算出兩者的成功機率都很低。他之所以繼續投入這兩個事業，是因為就算兩者最後並沒有成為他個人的成就，它們對於推動人類進步也很重要。他把這個因素納入風險與回報的平衡，認清繼續投入這兩個事業才是正確的選擇。

風險與回報之間的平衡，讓我想起擔任道德駭客期間的故事。有個銀行對銀行的電腦系統，其開發目的是負責大筆金額轉帳，所以自然會有多層安全防護設計，各個步驟都要經過好幾次檢查。這個系統龐大又複雜，有很多相連的部分，雖然從工程設計的角度來看，系統算是清晰易懂，但是沒有人真的會從安全防護的角度查看系統的組建方式。系統所有相關人員都對自己那部分的安全防護很有信心，並信任其他部分的安全防護。表面上，這樣很合理，如果系統的各階段都具備優良的安全防護，那麼系統整體也應該具備優良的安全防護，況且這個系統已經使用好一陣子，從來沒有人成功駭進去。對於開發人員來說，系統存在重大缺陷的風險幾乎是零。嗯，我才不要把它視為理所當然。我決定從安全防護的角度來檢查整體系統。

我花了幾天時間閱讀系統的手冊，了解整個過程如何運作、它應該要做什麼、它不該做什麼、每一個步驟之間如何相關。然後，我架設系統、試驗系統，在我覺得可能有漏洞的地方施加壓力。透過試驗，我發現一項弱點——常見名稱是 0day 或 zero-day（零日或零時差）——以前從來沒有人知道這項弱點，連負責建立那些部分的軟體企業也不曉得。原來，雖然系統的個別部分都具備自己的安全防護等級，但是兩個階層過程的安全防護並沒有開發員所以為的那樣穩固。我直覺認為裡面一定有什麼問題，所以願意花很多時間和心力，調查系統的安全防護狀況。當然，我也有可能找不到任何問題，但要是我的直覺經證實無誤，回報就會大到值得那些時間和心力。就這個例子來說，我確實得到了回報。

成為投機者

我們探討了風險的計算，也就是查看你眼前各種選項的成本與收益平衡。不過，要應用這個原則，更普遍的做法是查看哪一種成本與回報平衡最適合你。換句話說，重點是找出機會在哪裡。

駭客就是採用這種投機的做法。這也是源於第 3 章談過的高效特性；網路安全人員使用 OWASP 十大清單，來找出最普遍和最重要的 Web 防護弱點。與之相對，黑帽駭客也會掃描網際網路、尋找弱點。網際網路本身就是大規模的相互通訊，數以百萬計的電腦會傳送資訊封包給彼此。駭客可以輕易送出成千上萬個像是探測器的資訊封包，然後針對回傳的資訊進行判斷，藉此逐漸了解他們接觸的電腦系統之完整性。這是相當自動化的過程，成本很低，風險也低，可能會發生的最糟情況就是你被伺服器封鎖。但被封鎖也能輕鬆繞過，只要使用 VPN 就行了。結果，黑帽駭客獲得回報，得到一些很實用的資訊，掌握能駭進系統的機會。

當然，不是所有機會都同樣寶貴。舉例來說，大約二十年前，幾乎沒有公司在自己的業務上使用 Apple Macs，所以假如你是想占企業便宜的惡意駭客，還找出 Mac 作業系統有一項弱點，這個特定的機會對你來說不會有太大用處。然而，假如你徹底掃描網際網路，可能就會找到其他系統的弱點可供利用。

有一點很重要：駭客通常不會尋找特定的弱點，而是尋找新的機會。駭客採取涵蓋更廣的做法，總能從中找到一些可以利用的弱點。

弱點被找到後，作業系統的開發人員會發布修補程式與更新，藉此隔絕那些弱點。然而，不是所有使用者都會立刻更新、套用修補程式。有些駭客會採取更聰明的做法：對發布的修補程式進行分析，找出它是在處理哪個弱點，再以那個弱點為目標，對整個網際網路發出攻擊，找出哪些使用者尚未執行修補程式。二〇一四年，Shellshock 漏洞事件期間，很多駭客就是採用這種策略。Mac 和 Linux 機器上面有某個弱點被找到並修補，駭客便利用該弱點，以遠端方式在那些機器上執行他們自己的程式碼。當時，駭客簡直是橫掃網際網路。他們發動攻擊來利用這個缺陷，只要找到機器上有尚未修補的系統，攻擊行動就會扎根，駭客就能進入系統。對於指望利用這類弱點的惡意駭客來說，這種投機做法往往能獲得豐碩的成果。

從另一方面來看，道德駭客意識到黑帽駭客傾向於尋找機會——前文已經提過，道德駭客的工作就是用黑帽駭客的思考方式思考，並且運用那些知識，針對他們負責處理的系統加強防護——他們會檢查系統，找出惡意駭客可能找到哪些機會，並消除那些機會。這又是一個「對手模擬」的例子。你也可以把它想成是二度計算期望值，也就是說，計算黑帽駭客的期望值，然後用該期望值來重新計算你自己的風險與回報平衡，藉此封鎖掉那個機會。

關鍵點有二：一是利用駭客心態來計算期望值，包括始終不斷尋找機會；二是要認知到機會不見得會出現在你預期的區域。網際網路在商業上沒有獲得充分利用，就是一個典型的例子。就算如今我們使用網際網路已有數十年，也都很習慣網路購物的概念，還是有無數的未來業主排斥電子商務的概念。也許成為實體商店老闆仍舊很吸引人，但說到尋找機會，網際網路才是你真正該去的地方。線上商務的入門障礙也比較少。你也許喜歡豎立在大街上、外觀體面的商店，但是如果機會出現在網路上，那麼你就必須往線上去，這才是投機者的意涵。

不對稱風險

正如前文所述，要找出風險，關鍵在於針對特定的事業，判斷你付出的努力以及獲得的回報是否平衡，判定那樣的平衡是否值得，然後尋找達到那種平衡的機會。不過，應用這個原則時，最高的級別並不在於判定努力與回報平衡是否值得，而在於判定那個平衡是否為最佳平衡。平衡會出現在高風險、高回報的情境，也會出現在低風險、低回報的情境，但最好能碰到低風險、高回報的情況。換句話說，如果是有利於你的不對稱風險，表示你一定會獲得很多，而必須放棄的東西很少。

還記得買樂透彩券的例子吧？若把贏的機率納入考量，頭獎會高於進入成本。這種做法非常適合用來計算期望值，但仍舊算是高風險情境，因為就算在數學上買彩券很合理，你實際贏的機率還是微乎其微。另一方面，你可以購買數以百萬計的樂透彩券，藉此降低風險，但是回報也會大幅減少（更不用說還要付出時間）。理想的情況是只要購買一張樂透彩券，就能有不錯的頭獎機率。

好的，顯然不會發生那種事。總之，本章的重點不是怎麼買到會中獎的樂透彩券，而是要證明，成功的關鍵在於決定哪個地方的風險最小、回報最大。這就是投資人所稱的「尋找阿爾法」（finding alpha）。在金融領域，「阿爾法」指的是投資人戰勝市場的能力，也就是說，投資帶來的收益高於市場的總體成長。仰賴一般的市場成長，並不是不好的策略，有很多指數基金都是依照此原則來獲得成功。但能找到阿爾法的投資人，才能真正脫穎而出，因為他們會努力找出甜蜜點，以最少的投資，獲得最大的收益。

利用不對稱風險的機會，並不限於財務策略。《上周今夜秀》（*Last Week Tonight*）的約翰·奧利佛（John Oliver）曾經談過電視傳教士的事情。節目中，他深入鑽研教會和某些宗教組織的免稅優惠資格——標準低得驚人，很容易就能符合免稅優惠資格。約翰·奧利佛採用了他的典型做法，在該集節目尾聲成立自己的宗教組織「永恆免稅聖母教會」（Our Lady of Perpetual Exemption）。這是優秀的電視諷刺之作，但他真正強調的，是很多這類組織都具有不對稱風險，達到很低的標準，就能取得很有利的稅籍。並不是說我們都應該成立免稅教會，但是如果你的公司確實符合美國國稅局（IRS）的宗教組織條件，那不用想也知道，你當然要申請免稅。

實際上，我們的周遭一直都充滿著不對稱風險，問題在於我們是否能辨認出來。「計算」其中一個重要的部分，在於了解相關風險與回報的真正價值，如果你仔細想想，就會發現身邊盡是低風險的機會。如果你想要某件事物，通常只要提出要求，就會產生某種結果，而且風險極低，最差的結果就是被對方拒絕。你希望獲得升遷或加薪嗎？開口就是了！

創業者諾亞．凱根（Noah Kagan）經常講述如何更積極主動地克服社交焦慮和汙名，藉此獲得你想要的成就。他提出「咖啡挑戰」，即每次在星巴克或咖啡廳買咖啡的時候，詢問店員可不可以打九折。大部分的時候，對方可能會回絕，有時卻會答應，而且你只是開口詢問，也沒有什麼損失。獲利看似很小，但認知到「只要開口就能發現周遭有很多低風險的機會」，將成為你的一大優勢，人生也會因此豐富起來。不一定要跟事業或財務有關的事情。你暗戀的那個人呢？只要開口邀約，對方可能會答應！我們都聽過這種說法：好人會落在最後。但這不是事實；落在最後的，是永遠不開口的人。

8 原則⑤：社交工程

二〇二〇年，一群駭客成功劫持了幾個知名推特（Twitter，今日的 X）帳號：美國前總統歐巴馬、微軟企業共同創辦人比爾．蓋茲（Bill Gates）、饒舌歌手肯伊．威斯特（Kanye West）、電視名人金．卡戴珊（Kim Kardashian）等個人帳號，以及 Apple、Uber 等企業帳號都深受其害。駭客用這些帳號張貼文章，說服群眾把比特幣轉到指定帳戶，並且保證退還兩倍的比特幣，藉此手法成功騙取數十萬美元。

不過，駭客是怎麼取得這些帳號的存取權限？你可能以為，駭客用了某些晦澀難懂又強大的電腦破解程式侵入推特系統，像電影裡的駭客那樣，在陰暗的房間裡，打一打電腦，最後某個人站了起來，宣布：「我駭進去了！」然而，事實遠非如此。駭客根本沒有攻擊推特的技術基礎架構，反而把推特的某些員工當成目標對象。他們騙幾位低階使用者洩漏憑證，從那些憑證追蹤存取權限較高的員工，最後取得大型主機的存取權限，再把前文提到的知名帳號存取權限授予自己。推特在受到攻擊後的聲明中，證實這件事情：「攻擊者成功操控幾名員工，使用員工憑證來存取推特的內部系統，突破我們的雙重認證防護。截至目前，我們知道他們存取了只有內部支援團隊可以使用的工具。」

這是駭客所說的社交工程，也就是利用系統相關人員來進行操控。

「人」是系統中最脆弱的一環

第5章，我們經由PPT——人員、過程、科技——這三種鏡頭來分析系統，在此則要特別著眼於人員層面。

說到系統的分析與操控，有一點不容忽視：我們周遭的每一個系統幾乎都是由人員組成，或者人員就是該系統的核心。此時就要談到一個顯而易見、卻在道德上處於模糊地帶的論點：要利用系統，最佳方法往往是操控其中的人員。這種說法可能讓人難以接受，所以我想花點時間來反思前面提到的道德觀點。我並不是完全踩在道德的線上。應用駭客心態後，繼之而來的能力與工具會很強大，用途可以合乎道德，也可以不合乎道德。你必須對自己運用能力與工具的方式負起責任。如你將在本章看見的，利用人員在系統中的位置，並不等同於不道德的操控者。事實上，實際情況通常是相反。

來想想人類的行為舉止吧。人們表現出各式各樣的行為，有些人可能表現得很理性，有些人可能表現得很不理性，多數人的行為可能兼具理性與不理性。不過，無論人們表現得理性或不理性，他們的行為總會有一個模式，而你可以利用那些模式來獲益。

每個人的表現當然各有不同，但我們可以把人類的行為分門別類。有很多方法可以做到，其中一些是你熟悉的方法，例如MBTI人格測驗、四種天生傾向（Four Tendencies）準則、九型人格測驗等等。這些方法讓你經由某些特性的鏡頭去觀察他人，藉此了解哪種方式最能應對某一類型的人。

我們逐漸認識一個人後，就會熟悉對方所有的小毛病和精神官能症。我們很清楚，我們需要跟不同的人有不同的互動，而且一直以來都在下意識這樣做。當你意識到人們是怎麼配合系統，並且利用那些資訊來讓自己獲益，你就能像駭客一樣思考。

要應用這個原則，其中一個方法是考量人們在特定系統內扮演的角色。比如說，法律與規定。制定規定的是人，詮釋規定的是人，執行規定的也是人，而且分別是由不同群體的人負責。稅法就很適合呈現這個現象。稅法是由心中有特定目標的立法者負責擬定，往往相當複雜又混亂，所以會有另外一大群人——會計師和稅務律師——負責詮釋稅法，然後會有美國國稅局和一整群的法官負責執行法律。從中可以發現，雖然稅務代碼看起來像是嚴謹又不彈性的系統，但是了解這些人在系統中扮演的角色，並利用他們的人性，會對你有所助益。其實，法律諮詢服務的消費者最常看重的律師能力，不只是掌握法律知識，而是能夠判定法律在人類玩家構成的現實世界中扮演何種角色。在法庭上，最厲害的律師能夠判斷法官與陪審團對於某些論點會有何反應，並使用最有可能說服他們的論點。

你可能覺得這聽起來門檻有點高，畢竟不是每個人都是稅務律師。不過，現實生活盡是機會，可供我們利用人為規則系統的人類元素。另一個更常見的例子，可能會出現在高通膨時期。商品價格漲得很快，有時商店裡某件物品的定價與商店系統裡售出的實際價格會有差異，這是因為賣方還沒有機會更改價格標籤所致。這對於某些大型零售連鎖商店來說是很特別的問題。對此，店家賦予收銀員在這種情況下以較低價格向客戶收取費用的權力。現在，讓我們進入收銀員的腦袋。他也許只是個領低薪的年輕人，不會把大量時間和心力投入於商店的整體成功。通膨高漲，大批顧客抱怨定價比收銀機顯示的價格低，這種情況下，店家會請收銀員依照較低價格收取費用。如果你說：「等一下……你輸入的價格是十一點九九美元，但是東西上面貼的價格是九點九九美元。」這時，收銀員真的會起身查看價格嗎？也許會，也許不會。這件事你得自行判斷。商店政策可能會要求收銀員一定要親自查看，但你要記住，收銀員是人類，不是機器，判斷收銀員身而為人會出現的行為，有可能幫助你以駭客手法拿到折扣優惠。這顯然不是世界上最符合道德標準的事情，而我也絕對不是在建議你去欺騙收銀員來省個幾美元，但這個例子呈現出人類在系統內的運作方式總是帶著預期與設想，而這兩者都是你可以利用的東西。

人類太親切了

大家很容易忘記一件事：大部分的人都很親切。當你位於社會體系內，跟他人相互競爭或徹底對立時，就會自然而然以為每個人對你的態度都有敵對傾向。然而，實情往往並非如此。人們通常親切、有禮、樂於助人，傾向信任他人。兩名陌生人彼此交談時，一開始的立場就是相信對方在說實話。無論你究竟是不是對手，只要對方不把你看成是對手，他就會特別相信你。就算他把你看成是對手，也不會一直保持防衛心。人性本來就散漫，容易放下防衛，本能地信任他人、幫助他人。記住這一點，你就能始終處於較優的形勢，利用那些涉及人類互動的情況。

我已經在駭客職涯中用過這招很多次了。紅隊作業期間，我們通常會試圖實際進出那些據稱安全的大樓，現場的保全會跟網路安全人員攜手合作。你絕對想不到，一套邋遢的工作服和名牌，或者反光外套和手寫板，竟然能幫助你進入那些戒備森嚴的地方。人們信任你和你的外表，這種傾向可以發揮很大的作用。如果你穿成勞工的樣子，十名保全中有九名會心想：「啊，他們被雇來修東西，那我直接放他們進去。」我利用這一個人類互動本能，進入了很多被列為禁區的大樓。不只是我和我的駭客同行們，任何人都能以這種方式利用他人的預期。澳洲喜劇演員史蒂夫．菲利浦（Steve Philp）曾經非常努力想證明他的理論：只要用手臂夾著梯子，什麼地方都進得去。只要拿著梯子，不需要任何識別證，就能夠進入各種地方，餐廳的廚房、地下鐵、電影院、河上的船隻……一切都是利用人們的預期。

你可以利用人類的良善本性，尤其是對方沒把你看成對手的時候。不過，就算他們把你視為對手，只要注意到社交上的互動，你還是能獲得好的結果。如果你發現自己遭受人身攻擊，千萬不要依循天生的防禦本能（駭客原則一：主動進攻），請記得我們探討逆向工程原則時談到的內容：模擬對手。我們要進入對方的腦袋，找出他想要的東西、他做這件事的起因，以及他試圖達到的目標。了解對方的動力和誘因，你就能以更堅定的立場去對付他，也許是透過反擊，也許是簡單地化解困境。

冒名手法

冒名手法是電腦駭客和詐欺犯經常使用的技巧，為的是取得個人資料或敏感資訊。最近，冒名手法往往跟騙子畫上等號，但這個做法其實可以回溯至一九七〇年代，當時ＦＢＩ運用冒名手法來協助調查。總之，基本上就是要假裝成別人，從目標對象那裡取得某種資訊或其他好處。你一定碰過沒顯示電話號碼的陌生來電吧？對方通常會自稱國稅局或保險人員。這就是知名的詐騙手段之一，也是社交工程的冒名手法案例。

冒名者會對目標對象使用各式各樣的技巧，從簡單的說服到錯綜複雜的詐欺，原則始終不變，都是利用可預測的人類特性，促使目標達成率增加。這些特性包含前文提過、十分普遍的天性——信任。冒名者以信任為基礎，跟目標對象建立可靠的關係。人們往往會做出情緒化的反應，尤其是風險很大的時候，於是冒名者便利用這個傾向。舉例來說，冒名者可能暗示目標對象匯出大筆金錢，免得存款有被竊取的風險。不管是哪一種情況，目標對象的本能就是做出情緒化的反應，而情緒很容易凌駕於謹慎。

冒名者也可能使用第三種技巧：佯裝成權威人士。人們通常會尊重並信賴權威人士，而扮成權威人物實則相當簡單，只要一副信心滿滿的樣子，使用高層人物的腔調和語氣說話就行了。

冒名手法通常跟詐欺有關，但確實有更廣泛的應用。前文提過，只要穿反光外套或拿著梯子，就能進入禁區，這也是冒名手法的一種。關鍵在於利用這個事實：人類會有設想，並倚賴自己的設想。雖然詐欺犯通常會使用這種技巧，來利用那些容易受到影響的人，但等級較高的冒名者甚至能讓比較精明的目標對象無法察覺。

有一次，我的網路安全團隊成員麥特正在測試某家企業人資部的安全防護狀況。我們在 Word 檔的履歷嵌入某種遠端存取碼，把履歷寄給人資部的招募人員，然後等待其中一人上鉤。問題在於，存取碼是放在名為「巨集」的子程式裡，要執行存取碼，使用者必須在開啟檔案時啟用巨集。

其中一名招募人員回電給我們，安排第一波的電話面試篩選。麥特問他對履歷有沒有任何問題，對方回答其實還沒打開履歷。他們收到一份履歷，一直提醒他們啟用巨集，而他們合理懷疑那份履歷有問題。麥特繼續跟對方正常聊天，拉近關係，讓對方相信他跟別人一樣正常。對方開始跟他熱絡起來，越來越信任他，但就是沒提到他們會打開履歷。雙方在職務的各種層面上暢談了一個多小時，討論麥特過去的工作（當然是捏造的），甚至還現場進行科技相關測驗，最後，對方還是沒有打開履歷，麥特都準備好放棄了。對方道別，麥特掛上電話，挫敗不已。他覺得對方一定不會打開履歷。他以為自己做得太明顯，把整個任務搞砸了。

三十分鐘後，他在自己的電腦收到通知，巨集裡的程式碼已執行。儘管任務看起來好像失敗了，但是麥特為了讓招募人員信任他所付出的努力，終究還是獲得回報。對方打開了履歷，讓程式碼執行。麥特堅持不懈地秉持友善的態度，戰勝招募人員完全正確的謹慎程度。從這個例子便可得知，就算你在努力的過程瀕臨放棄，只要運用幾個適當的社交工程手段，就能往目標再推進一步。

我談了很多有關電腦駭客和數位詐騙的事情，但冒名手法本身跟科技毫無關係，重點是認清普遍的人類特性並善加利用，進而讓自己獲益。我知道這聽起來相當陰險，而詐欺犯經常採用這些技巧，這點也無可否認，但不表示這些技巧不能更廣泛地應用在其他地方。舉例來說，經典電影《蹺課天才》（*Ferris Bueller's Day Off*）其中一幕，卡麥隆打電話給校長，裝成是史洛安的父親，要把史洛安從學校裡弄出來。這部電影非常值得一看，也呈現出冒名手法的實際運作情況。卡麥隆讓自己的聲音充滿權威感，利用校長的社交禮儀和難堪，成功達到目的。

大規模社交工程

大部分的人現在一定都很熟悉網路或其他多種釣魚方式，例如語音釣魚、簡訊釣魚等。網路釣魚就是寄送電子郵件給大量收件人，目的是取得某種個人資料。釣魚的電子郵件看起來像是很多人都會收到的那種信件，例如通知你 Amazon 訂單即將出貨或銀行交易失敗，促使收件者點開通知函裡的連結。接著，釣魚者會試圖取得某種個人資料，可能是密碼或銀行帳戶細節。之後又從網路釣魚衍生出其他種類的釣魚方式，例如簡訊釣魚（透過 SMS 簡訊進行社交工程）、語音釣魚（透過通話和語音訊息進行社交工程）。當然，多數人對這類攻擊都習以為常，通常都能辨識出來，但這就是大規模作業發揮作用的地方。網路釣魚者不需要每個人都被偽造的電子郵件騙到，甚至不需要大部分的人受騙，只要一小群人提供他們所需的資訊，整個行動就值得了。

我們要把重點放在這類攻擊的大規模性質。他們不用每一次嘗試都成功，實際上也絕對做不到這樣。然而，這類作業是以夠大的規模進行，可以確保他們達到一定次數的成功。你知道還有誰會運用這種大規模的技巧嗎？行銷活動人員。每個看見好時（Hershey's）巧克力廣告的人，都會出門去買一包 Kisses 水滴巧克力嗎？不，當然不是每個人都會去買，但確實有些人會去買，所以整體而言，好時推出廣告是值得的。有時，大規模的做法可以幫助你邁向最終的成功。你不用擔心單一個案的失敗，也不應該灰心氣餒。你的目標並不是在每個人身上都奏效，而是整體的成功。我們在第 7 章探討期望值時，看見了機率事件是如何經過反覆運算而成為決定性因素。記得賭場何以總是勝出一籌吧？就算可能有一些賭客贏得大筆賭金，整體投注賠率一直都是對賭場有利。正是這個原則，讓大規模社交工程發揮作用。你的攻擊可能只有一小部分成功，但只要這個成功帶來的獲益夠高，整體上你還是會得利。

我們在本章開端審視了推特帳號被劫持的故事；駭客利用知名推特帳號的存取權限，說服群眾把比特幣轉給他們。駭客劫持的帳號有數百萬追蹤者，也就是說，他們發表的詐騙推文會散布得既遠又廣。當然，大部分的人看見那些推文，就會認出它們可能是駭客入侵的結果，或者起碼會有充分的疑心，在推特出面保護那些帳號、刪除詐騙推文前的短時間內，並不會立刻匯出比特幣。然而，駭客的意圖從來就不是騙到每個人。他們只需要騙到一小群人，運用駭客手段就值回票價了。結果是有足夠多的人相信了詐騙推文，匯出比特幣，駭客因此獲得幾十萬美元。這就是大規模社交工程的力量。

簡單的錯誤

幾年前，我跟駭客同行彼得・金攜手，利用了數據系統中極其普遍又備受忽視的人類要素——打字錯誤——然後根據結果提出報告。我們發現人們在寄送電子郵件時，經常把郵件地址拼錯。這種情況相當普遍，尤其是電子郵件的網域部分拼錯的時候，電子郵件就會被送到錯誤的位置。舉個完全偶然的例子，假設 fakecompany.com 的人員做事匆忙，把電子郵件的結尾錯打為 fakecompany.co、fakecompny.com 或任何拼錯的字，那麼把企業內部的電子郵件寄到錯的地方，就不是毫無可能的情況。如果我預期這類的錯誤會發生，而去註冊那些網域，那麼凡是送到錯誤網域的電子郵件，都會由我接收。除非寄件者回去檢查，注意到自己寄出的電子郵件地址有誤，否則他們根本不會察覺到這件事。我們採取這種做法，註冊大量「分身靈網域」（doppelganger domain），並且在刊出研究結果報告前，順利從多家世界五百強企業（Fortune 500）的寄件者手中，攔截成千上萬封的電子郵件。

人們以一些很有意思的方式來利用這種技巧。舉例來說，二〇〇〇年代中期，有一名叫做克里斯多福・蘭帕雷洛（Christopher Lamparello）的男子，他注意到有些人會把福音派傳教士傑瑞・法威爾（Jerry Falwell）的姓氏拼錯，於是註冊了 www.fallwell.com 網域，用這個網站來吸引他的信徒，並批評法威爾的某些見解。還有一個比較新近、比較幽默的例子來自二〇一八年，魯迪・朱利安尼（Rudy Giuliani）一時疏忽，在某則推文中的兩個句子之間漏放了空格，結果「G-20.In」被當成連結進行分析。亞利桑那州的網頁開發員很快就利用這個失誤來變現，他註冊網域並架設網站，用來傳達有敵意的訊息。

我們都很容易犯下簡單的錯誤。我有位朋友的信用卡被偽造，但他直到好幾個月後才發覺。問題在於他那張卡主要是用來在 Amazon 購物，而對帳單不會提供他購買的產品細節，只會列出「Amazon」。偽造信用卡的人也將卡主要用於 Amazon，所以每當我的朋友收到對帳單，看見上面有一大堆的 Amazon 交易，就以為那些交易都是他平日購買的東西。一直等到年底，他看見帳單費用是兩萬美元左右，遠超過應有的金額，才恍然大悟。假如他查看信用卡對帳單時，稍微仔細一點點，或許就能更早察覺到，阻止小偷刷走價值數千美元的商品。

無論我們喜不喜歡、有沒有意識到，犯下簡單的錯誤，是人類極為普遍的特徵，也因此很容易被利用。特別是因為人們一致低估自己犯下這類錯誤的傾向，然後在犯錯時淡化錯誤。一切都是源於人類的榮耀感、尷尬，以及對自己的信任，所以我們必須應用駭客心態。彼得和我在寫報告的時候，我們從美國知名企業那裡收到一大堆敏感電子郵件，內容簡直超乎想像。就算我們刊出報告，得到的反應也多半是不以為然。人們就是無法接受，實際上竟有人對機密資訊如此粗心大意。人類具有忽視錯誤的天性，而當他們忽視錯誤，你就可以善加利用，進而獲得優勢。

滲透

這個原則的最後一個重點是「滲透」。你必須先成為系統的一部分，才能對系統產生影響。

有很多方法可以讓自己成為系統的一部分。駭客經常採用的技巧是「假分身」（sock puppet），即社群媒體平台上面的假帳號，可以用來滲透特定的群體或社群。在 LinkedIn 上面製作個人簡介，列出假名、假工作、假學歷，是很容易的事情。然後，只要找出你想要滲透的社交圈，對那些人的文章按讚就行了。你可以使用搜尋工具，鎖定特定企業的員工或特定職稱的人員。每次你對他們的文章按讚，他們就會看見你的假名冒出來，於是你開始進入他們的視線，而他們會開始對你有好感。最後，你開始傳訊息、跟他們建立關係，他們會越來越信任你。你終於做好十足的準備，可以開始取得你想從對方身上得到的資訊。聽起來是不是很熟悉？這跟網路交友詐騙的技巧差不多，只是你誘騙的不是對方的愛。

滲透當然也可以面對面進行。前面我提到裝扮成勞工進入大樓，那就是滲透的一種，因為你讓保全人員以為你是他們「群體」的一分子，也就是獲准正當進入大樓的人員。有些人還會裝扮成垃圾清潔工人，藉此取得垃圾，在垃圾裡面挖掘敏感資訊（老實說，垃圾裡面經常找得到敏感資訊）。被視為群體的一分子，向來有助於從該群體中取得你想要的東西。把這個概念應用到截然不同的地方：假設你是剛上任的主管，有很多不錯的想法，打算用來改變辦公室的做法。如果你只是闖進辦公室跟大家說，他們必須開始用某種方式做事情，那麼你會毫無進展。人們看見外人進來、強行實施新做法，自然而然會抗拒。不過，如果你花一點時間，跟團隊裡的人員建立關係，讓他們把你看成是「自己人」，那麼之後你想落實任何改變，他們贊同的機率就會高出許多。

我們當中有很多人已經具備社交滲透技能。參加家庭派對或晚餐派對時、跟剛認識的人見面時，我們會下意識試圖讓自己適應新的群體，融入其中。其實，我認為最擅長這種事情的人，就是在軍人家庭成長的孩子。他們通常會年復一年地轉學，所以不得不學習如何盡快融入新的群體。如果你有這類背景，那麼你可能會比別人更早進入狀況。話雖如此，滲透所需的社交技能，其實人人皆備。

我不是在軍人家庭長大的孩子，但是從童年起，我就一直在滲透社會群體。高中時，有一群玩滑板的超酷男生，不是在滑板公園的 U 形滑道上翻滾，就是在校園裡的倉庫後面抽菸。我真的很想跟他們一起玩，但是我不抽菸，對滑板也一竅不通。所以我做了什麼呢？嗯，我就只是開始去倉庫後面的吸菸區待著。雖然我沒有抽菸，但是只要我人在那裡，就表示我跟那些玩滑板的酷傢伙待在相同的地方。我不用跟他們做一樣的事情，只要待在同樣的地方，就有機會滲透那個群體。而我很快就跟當中的很多人成為朋友。

不過，無論是經由滲透、大規模社交工程，還是面對面互動交流，前述技巧的核心就在於人類向來都有盲點、成見和設想。只要在社交工程的背景脈絡下應用駭客心態，就能利用那些缺口，讓那些缺口對你有益。

9 原則⑥：靈活軸轉

最後一個駭客原則，是要懂得因應多變的環境，並且充分利用那些意想不到的情況。你的計畫在第一個問題冒出來以前，都是個好計畫，重點在於，遇到問題時該怎麼做。很多人面對意想不到的逆境，會逐漸灰心喪氣，撒手放棄，然而，駭客的關鍵特點就是他們不僅會「軸轉」來克服問題，甚至會利用那些意想不到的情況，進一步達到目標。駭客心態的鐘擺會在規劃與實踐之間來回擺盪，而「靈活軸轉」這項駭客原則，就很適合用來呈現那個擺盪中的鐘擺。

若要利用意想不到的情況，重點在於認清過程中所有不同的部分都有其價值。人們很容易把「作為」（endeavor）視為純粹由一種方法與一項目標組成，而所謂的方法，就是為達目的所採取的手段。然而，實際上，過程中往往有很多層面可以讓你獲得進一步的優勢或工具，也有可能幫助你達到替代的目標。該怎麼發揮過程獲得的各種優勢呢？掌握這一點，你就會和不採取駭客心態的人拉開差距。

有個經典的例子：駭客會試圖駭進大型零售企業。直接駭進去並取得敏感的企業資訊，可能非常困難，因為大型零售企業往往更重視防禦。駭客多次嘗試侵入內部系統以後，只成功駭進商家的收銀機，這樣算是失敗，對吧？不對！雖然駭進收銀機不是駭客的目標，但是收銀機跟系統的其他部分使用一樣的網路，所以收銀機可以作為起點。駭客能夠從這個稍微更受信任的收銀機系統，嘗試發動其他攻擊。專業的駭客才不會把這種情況看作失敗，反倒是往成功的方向前進一步。這就是駭客口中的軸轉——認知到你目前為止達到的程度很有價值，可以藉此改變行動的方向。

加、減、乘

我沒有要聊紅髮艾德（Ed Sheeran）的暢銷金曲選集，我講的是各種可能的軸轉方式，以你已經達到的程度為基礎，據此進行調節。這取決於你對特定專案採取的前一種做法或目前做法，看看什麼做法有用、什麼做法沒用，並且判定過程要如何調整才能提高成效。有點像是烹調，也許你正在燉煮，此時試了一下味道，嘗起來有點淡，所以決定多加點鹽巴或辛香料。也許嘗起來太鹹，嗯，碰到這種情況，要從燉煮的料理中取出鹽巴可能有點難，但你下次就會知道，鹽巴要少放一點。也許你燉了好幾個小時，燉湯的分量卻比你預期的還要少了許多，下次你就知道要放進更多食材。無論是哪一種情況，你都會從經驗中學習，據此調整做法。所謂的軸轉，就是找出什麼東西需要增加（加）、什麼東西需要去除（減）、什麼東西需要放大（乘）。

回到電腦駭客的領域，現在來看一下我任職網路安全人員的時期。我的團隊正在測試某家企業ＩＴ設置的安全防護狀況，整個系統都是以雲端為基礎，也就是說，系統基本上是建置在網際網路上。他們設置防火牆，把未授權的網站流量擋在外面，所以他們認為它算是內部系統，但基本上其實算是公共系統，只是設下了一些限制。我們的工作，是看系統如何對抗網路攻擊。我們在企業內部對系統進行多種測試，了解系統如何運作、弱點在哪裡。為了搞垮系統，我們擬定穩固的攻擊計畫，但只有一個問題要解決：唯有在企業內部發動，攻擊才會成功。外部人員一旦實施攻擊計畫，就會被防火牆阻擋。我們的策略還不錯，但是缺少戰勝防火牆的方法，只要把這項元素加到計畫裡，攻擊行動就會成功。最後我們體悟到，可以在攻擊中加入網站頁首，騙過防火牆，讓它誤以為網站流量來自於信任的ＩＰ，從而給我們存取權限。然後，我們就能從一般的網際網路發動攻擊，並進入內部系統，取得敏感資訊。往後退一步，好好思考該如何修改不可行的計畫。

這種思維可以應用到各種脈絡。第一個例子，假設你要為自己的公司刊登線上廣告，而因為廣告全都是在線上，所以你可以掌握數據，了解不同廣告串流的成效。你會發現，在不同網站上面投放的橫幅廣告，對你的線上商店流量其實貢獻不多，但你寄出的電子郵件廣告，竟然相當成功。碰到這種情況，就要軸轉。你的整體行銷策略要去除網站橫幅廣告，轉而把重心放在電子郵件廣告上。第二個例子，想像你為了新的創業，正在進行群眾募資。你能想到的每一件事情，你都一一做了。你在社群媒體上面大肆宣傳，跟網紅聯繫並合作，使用電子郵件名單宣傳活動，最終募集到可觀的資金，但是距離目標款項還有一萬美元的差距。此時，要檢視你已完成的程度，找出還缺少什麼。你還可以加入什麼來彌補差距？也許答案很簡單，只要找出哪位投資人願意幫助你達到目標就行了。第三個例子，你的生意經營得有聲有色，帶來可觀的利潤，可惜受限於經營規模。此時所謂的軸轉，就是把你正在做的事情放大，讓你的公司更上一層樓。這就是軸轉的「乘」面，只需要把你正在做的事情調高到十一。這也可以說是優異策略的一環；不確定確切的做法時，可以像以前那樣，小規模地嘗試不同的事情，做一些測試，發現哪種做法行得通，就增強那種做法。

軸轉的核心在於有能力往後退一步，觀察你正在做的事情，看看現況可以怎麼改善。請拿三個簡單的問題來問自己：「什麼可以增加？什麼可以去除？什麼可以放大？」

務必謹記，在考慮軸轉方式時，要對事物保持廣闊的洞察力。軸轉涉及的領域可能有別於你著眼的地方。舉例來說，審視你目前的作為，你可能在科技面做得很正確，但在過程面需要補強。所謂的軸轉，不是要你堅守在已經處理的範圍內，而是根據你已經達成的，去修改你的做法。應用軸轉的過程，很多都是來自於簡單的增加、去除、放大、混合，然後再試一遍。情況沒按照計畫進行，並不表示你失敗了，通常只要把你已經在做的事情簡單地重新配置，就能繼續前進。

連結線索

目前為止，我們已經討論了軸轉的例子：情況沒有依照計畫進行，而你沒有達到目標。其實，駭客往往在一開始就會把軸轉的概念納入計畫中，這是因為駭客很清楚，有很多攻擊途徑可以引領他們邁向目標。就算一開始沒有明確的途徑，但只要努力邁向目標，終究會有機會冒出來。我喜歡把它想成是連結線索的過程。駭客著手的地方是起點，試圖駭入的系統是終點，起點與終點之間則是攻擊點與機會構成的迷宮。唯一的問題是：駭客要連結多少個攻擊點，才能找出成功的攻擊途徑，引領他們抵達最終目標？前文提到，駭客駭進商家的收銀機，藉此進入零售店的企業內部網路；一開始就採取這種策略其實相當不錯，因為收銀機的安全防護程度低於網路中的重要系統。眾所周知，醫院的安全防護措施很脆弱，因為醫院為候診患者架設的數位看板或讀出系統，安全防護程度往往較低，但這類系統仍舊是廣大醫院網路的一部分。駭客很清楚，只要駭進安全防護程度很低的那些點，也許有更大的機會可以駭進整個系統。

還有一種攻擊途徑，叫做「水坑攻擊」。如果駭客想駭進某個由使用者組成的特定系統，就會先駭進使用者造訪的各個網站，然後使用那些網站來感染使用者的電腦，讓他們更接近目標。所有策略都是要攻擊那些跟系統有關的相對脆弱點，並相信由此產生的結果會讓你更接近最終目標，讓你有能力利用那些結果進行軸轉。

從這一點到下一點的移動，可以帶你走很遠。想像一下，晴朗的週日下午，你開著車，突然間，車子開始自行做出一些動作，先是切換廣播電台，然後空調的溫度開始上升，接著儀表板發出警示，車子的變速箱控制器關閉……聽起來像是惡夢的場景，實際上，這個情況真的發生了，幸好沒有毫無戒心的人受害。這個情況其實是發生在測試期間，用來看看道德駭客連結線索後可以走得多遠。

這個案例的主角是查理・米勒（Charlie Miller）和克里斯・瓦拉賽克（Chris Valasek）。一開始，他們著眼於 Jeep Cherokee 的娛樂與導航系統，發現系統會連到網際網路，只要知道相關 IP 位址與連接埠，就能遠端連結到系統。不太好，但算不上可怕。最壞的情況是什麼？心理病態的駭客侵入車內的廣播，反覆播放鄉村音樂嗎？世界上有很事情比這更糟糕。這個觀點聽起來合乎邏輯，但要是真的這樣想，可就大錯特錯了。米勒和瓦拉賽克能夠從娛樂系統進入車內的其他部分，例如關閉變速箱、停用剎車，甚至掌控轉向系統（不過，基於某種原因，只有倒車時會被掌控）。駭客了解的事情，對多數人來說並非顯而易見。汽車就只是由各種相互連結的部分組成的一種系統，而駭客的專長正是利用系統。駭客從系統中的某個部分軸轉到下一個部分，最後汽車在高速公路行駛時，幾乎整輛車都在駭客的掌控之中。一想到就覺得嚇人！

還有一個例子，那就是安娜・索羅金（Anna Sorokin）的情況。你也許聽過她，她是詐騙醜聞的主角，成功讓銀行、旅館、紐約名流相信她是德國富二代安娜・狄維（Anna Delvey），幾年前還上過新聞。這個故事真的很有意思，前陣子甚至有相關影集《創造安娜》在 Netflix 上架。當我聽到她的故事，真正吸引我的是她怎麼從一個情境軸轉到下一個情境。她裝成超有錢的富二代，跟紐約的社會名流來往，然後利用人脈，進一步證明她的說法，繼續過著奢華的生活，但她實際花出去的錢卻很少。她的事蹟最後當然是敗露了，也導致牢獄之災。我顯然不會容忍她那牽連廣泛的詐欺行徑，但她的故事很適合呈現「靈活軸轉」和「社交工程」這兩項駭客原則如何在社會環境下發揮作用。

關鍵在於，確保你善用一路上碰到的每件事物。一開始也許沒有明確的途徑可以通往目標，那樣也沒關係，只要在往前邁進、碰到機會和可能性出現時，敞開心胸接納並緊緊抓住就行了。

要謹記一件事：沿著「連結線索」的途徑，是達到目標的強大方法，但也務必留心你付出的努力是否值得。前一章，我們探討了大規模的社交工程策略，例如網路釣魚、簡訊釣魚和冒名手法，這些技巧都是撒下大網，最後能抓到什麼是什麼，透過一連串的軸轉，藉由你抓到的東西來取得你想要的東西。這種做法好是好，但還有一種技巧，恰好跟這類大規模社交工程攻擊相反——「魚叉式網路釣魚」（spear phishing）。魚叉式網路釣魚會特別鎖定某些使用者，他們擁有釣魚者想要的存取權限；至於大規模的社交工程活動，攻擊的範圍廣泛、不鎖定目標。兩種做法各有優點，至於該使用哪一種，取決於何者最有效率。如果達到最終目標需要很多軸轉，導致你付出的努力並不值得，那麼在這種情況下，魚叉式網路釣魚會是更好的選擇。魚叉式網路釣魚要先付出的努力比較多，但後來軸轉時要付出的努力比較少。在此要強調，你必須講究務實。透過一連串的軸轉來連結線索並達到目標，絕對稱得上是優異的技巧，但你必須留意它是否適合眼前的情境。

隨著機會出現

大規模的社交工程攻擊，目的是取得系統的存取權限，但基於這類大規模策略的性質，你不確定自己會拿到哪一種存取權限。這種做法要成功，關鍵就在於駭客取得某種存取權限後，利用它來找到的任何機會。駭客不確定自己會找到什麼，所以不管找到什麼，都要能靈活運用，這就是駭客級軸轉的核心。

成功的創業者與業主通常會透過軸轉來利用機會。追求目標的過程中，時常會碰到機會。舉業務員來說，銷售有一大部分是讓潛在買家進入以下心境：願意捨棄自己口袋裡的金錢。身為業務員，你應該會津津樂道地講述買家買了你的產品後，會得到哪些好處，但是好的業務員和優秀的業務員，兩者的差別在於，後者懂得善用軸轉技巧。你已經盡全力讓買家願意花錢，何不利用這一點？顧客現在已經處於「購買模式」，所以業務員該趁機賣出更多，讓顧客買下超乎他們原本預期要買的東西。「既然要買這台電視，也許會想搭配這個電視架和聲霸。」「我知道你買這台電視真的很開心，多花幾百美元買更高級的版本也不錯。」交叉銷售和追加銷售的關鍵，就是利用你為了說服顧客購買產品所打下的基礎，盡量往前推進。

還有一個人，可以呈現出那種一看到機會就抓住，並且再三軸轉事業的範例——知名 YouTuber 兼醫師阿里．阿布達爾（Ali Abdaal）。他一開始是醫師，然後決定利用他在各種醫學考試上的讀書、備考經驗，來指導他人通過考試。他拍攝YouTube 影片，最後基於這個目的，創立了 6med 公司。後來，他離開醫界，把事業重心放在網紅與創業者。特別有意思的是，他投入 YouTube 事業，接著開始利用這個經驗，教導別人如何在社群媒體上創業。阿里向來是個優秀的軸轉者，每次他為了特定目標而培養出一套技能，就會把那套技能跟別人分享，藉此打造事業，反而不會專注在原本設立的目標上。這種做法顯然對他很有幫助，也凸顯了軸轉原則底下重要的另一課：對你最有利的目標，不見得是你一開始設立的目標。在生活中應用軸轉原則時，重要的是，意識到不同的機會隨時有可能抓住你的注意力，而你也要隨時準備好跟隨那些機會。

思考職涯發展時，這種做法也會帶來好處。如果你想要某家公司的某個職位，立刻爭取那個職位可能很困難。然而，如果你成功拿到同一家公司的不同職位，那麼在系統內轉調就會容易許多。與其一開始就直接爭取理想職位，不如先進入大門，然後在邁向理想職位的路上，看看你能找到什麼機會。

我想到創業家和創業投資家克里斯．薩卡（Chris Sacca）。他在職涯早期擔任Google企業法務，經常自願負責各種高層會議的紀錄工作。置身高層會議，自然會接觸到不同的高層人員，從而得以運用這些人脈，助長他的事業。他原本想做的事情也因此有了改變，並推動他跨足資本投資領域。他以自己在Google工作時養成的經驗為基礎，投資了一些科技企業。

我自己的事業也很適合呈現軸轉發揮作用的情況。我以員工身分擔任道德駭客時，累積了大量見解，不但了解駭客想要什麼，更知道駭客日常活動中的痛點在哪裡。創立企業以後，我能夠運用所有這類知識，讓那些在網路安全產業工作的消費者獲得他們想要的東西。這正是我成功的關鍵。

「靈活軸轉」這項駭客原則，重點是掌握你在邁向目標時獲得的所有專業、資訊和機會，無論你是要達到原本的目的，還是要改變方向、望向更高的水準。

PART

3

駭客心態的應用

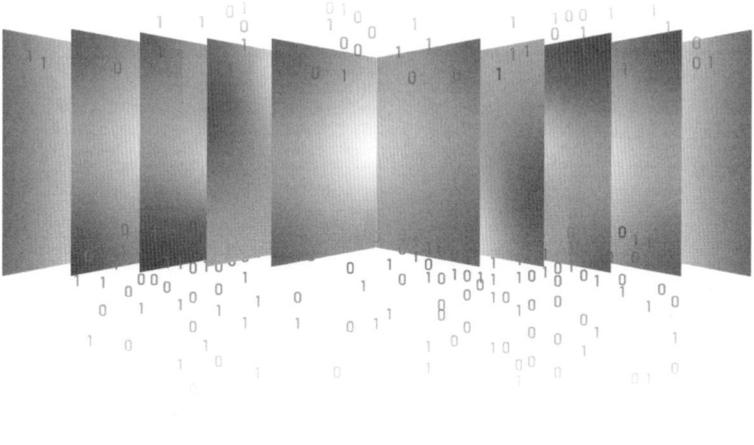

10 駭客方法

我們先後確立了駭客的特性與原則，現在要把兩者結合，看看如何以系統化、高成效的方式善加運用。所謂的駭客方法，就是在過程中利用駭客特性與駭客原則，幫助你達到目標。就結構而論，有點像是科學方法；先建構假說，然後從一個步驟移往下一個步驟，接著使用反覆運算來驗證、改善理論。駭客方法很類似，只是沒有建構假說，而是找出目標，然後一步接一步達成目標。駭客方法也會循環並反覆，從而具有特別的效力，因為這表示你會改善自己的旅程，不僅要達到目標，更要讓那條通往目標的途徑變得完善。它是一種方法、一種系統化的過程，引領我們從一個步驟邁向下一個步驟。

事不宜遲，現在就來探究駭客方法的五個步驟。

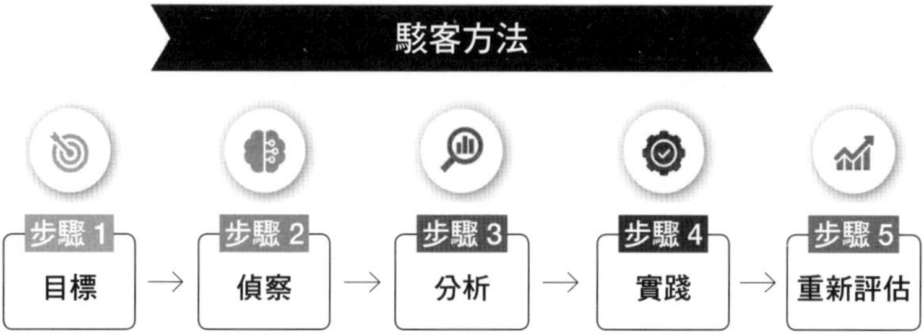

步驟①：目標

知道自己想要什麼，是邁向目標的起點，也是駭客方法的第一步。你必須知道自己的目標是什麼，才能在對的地方著手。我在前面幾章提過，你想要的東西，不見得會像某些人所想的那樣瑣碎。找出目標所在的確切範圍，就已經成功一半。要是花費大量時間找方法，最後卻發現目標不是你真正想要的東西，努力就白白浪費了。因此，一開始就要花時間確保方向正確。與其一邊前進一邊思考，不如先在內心立下明確的目標。

在這個步驟，要運用的駭客原則是「主動進攻」和「衡量風險」。當你思考自己能夠達到的程度和可能性時，「主動進攻」就可以發揮作用。太多人設立目標後就陷入膽怯，其實，你的能力極限往往遠超乎你以為的程度。舉例來說，如果你的目標是達到六位數薪資，那麼六位數薪資就是你最看重的地方，你的心思會停留在那裡。七位數的薪資顯然好過六位數的薪資，一年十萬美元跟一年一百萬美元有著懸殊的差距。你的能力也許高過一百萬美元，但如果你把目標設成低於一百萬美元，那麼你很可能根本不會想到一百萬美元。你的大腦會根據你設下的目標校準，內心懷有的目標是大是小，會影響你產生的想法。別用不夠大的目標來侷限自己。設立目標時，要主動進攻，可達成的範圍會從而展現出來，你應該盡可能立下高遠的願景。同時，對於目標，你必須講究務實，而且要開始思考風險。問問自己，內心沒有限度的話，可以做到什麼程度。哪些目標實際上值得追求、哪些目標的回報最大、哪些目標要付出的努力太多但收益太少？評估風險時，找出努力與收益之間的平衡，有助於確保你的目標對你個人來說是最值得的。

巴菲特有個知名的「5／25」法則，故事是這樣，有個航空企業的機師曾經問巴菲特，該怎麼完成生活中的每一件事情，巴菲特回答他，寫下二十五個工作目標，然後圈出最重要的五個目標，這樣一來就有兩份清單：一份清單有五個優先目標，另一份清單有二十個不太重要的目標。重點來了，巴菲特要他忽略不太重要的目標清單，只專注於五個優先目標。5／25法則之所以成效甚篤，是因為它讓你認知到自己沒辦法每件事都做。專注於優先目標，同時有自覺地不去追求那些不太重要的目標，你擁有的頻寬其實可以達到你最想要的目標。同時，你一定也想確保自己不會負擔過重。努力工作到發揮能力的極限，這個概念對某些人來說可能頗具吸引力，但其實不是什麼好策略。意想不到的情況總會突然發生，而你需要確保自己有空間去應對它們，同時又不會危及你的目標。要做到這一點，就必須確保你的目標不會耗盡你全部的時間。有必要的話，你還可以把一些時間運用在其他的事情。

請花一些時間思考你的目標範圍。駭客的關鍵特性之一，就是懂得向後退，站在長期的角度觀察。試圖侵入電腦系統的黑帽駭客通常樂於多年潛伏在網路上，不採取任何行動，耐心等待合適的時機。因此，設法阻止他們的道德駭客也需要站在同樣長期的角度觀察，才能始終勝出。要獲得穩固又長久的成功，專注於長期層面非常重要，畢竟先短暫達到特定目標，然後發現自己所在的位置還是跟以前一樣，這樣毫無意義。可惜，我們置身於短期思維的時代，社會迫使我們接受短期獲益的觀念，看重立即的滿足感。人們不斷尋找下一個刺激多巴胺的事物，不太會去思考長期的含意。要獲得長久的成功，我們必須擺脫這種觀念，站在長期的角度去思考、設立目標。

最後，請記住，駭客方法是循環的。這表示你可以納入一些子目標，而這些子目標可以併入一個大目標。你在短期內可能需要先追求其他目標，這樣才能達成最終目標。駭客方法就是如此，所以不要怕設立迷你目標，它們最後會引領你通往主要目標。

你想要達到哪些目標？確立目標後，就可以接著展開偵察。

步驟②：偵察

「Amat victoria curam」意思是「勝利是留給有準備的人」。這句古老的諺語，源自於羅馬共和國的巔峰時期（過沒多久，凱撒大帝便開始把共和國轉換成帝國），具體呈現出駭客方法的第二個步驟：偵察。

確立目標後，就該開始收集有利於達到目標的資訊。在駭客方法的偵察階段，你開始釐清自己需要什麼才能達到目標。這要大幅倚賴「逆向工程」原則；針對運作中的系統進行分析，大量資訊就會回傳給你，你會因此懂得那些系統如何運作，還有如何操控它們。你要透過人員、過程、科技這三種鏡頭來看待問題，找出涉及其中的各種元素，並思考三者如何推動你更接近目標。

還有一個原則在此發揮作用：「就地取材」。我們曾經談到，駭客會利用免費的生態系統資源，比如開源軟體專案。這只是我們在思考可用資訊與資源數量時的九牛一毛，實際上，無論是線上還是線下，有很多人正在匯集知識。因此，偵察階段很大一部分就是掌握那些資訊。在這個時代，獲取你所需的資訊其實很容易，所以更要積極主動地累積和收集。記住你的目標，然後提出問題。有沒有人員或企業達到類似的目標，可供你仿效？如果有，他們做了什麼？他們利用了什麼資源？你有沒有購買某個跟目標有關的產品？你從自身經驗當中得到的哪些見解，會對你的目標產生影響？我們在第 5 章談到麥可・戴爾如何對 Apple 電腦進行逆向工程，最終創辦 Dell 電腦。他一開始只是普通的電腦消費者，但是他持續運用自己對產品的熟悉度，進而成為成功的創業者。

我來舉個例子，說明你有多容易取得需要的資訊。先回頭看一下我如何在複雜的金融轉帳系統中發現「零日漏洞」。零日漏洞是一種軟體弱點，在我發現的時間點，企業、開發員、管理員和軟體使用者都毫無所悉。可以想見，這類弱點對電腦駭客來說特別寶貴，因為駭客可以利用它來展開攻擊，而且是沒人預料得到的攻擊，所以找出零日漏洞很重要。回顧一下：所有人都認為某個電子資金轉帳系統很安全，而我決定測試它到底有多安全，於是我展開偵察作業，主要是閱讀該程式的手冊（當然是免費提供）。我讀完整本手冊，從多個角度檢視系統，例如開發員的角度、使用者的角度，接著找到了那些沒人想過的攻擊點，最終成功侵入系統。

我們在探討就地取材原則時就已經明白，世界上的資源十分豐富，網路上的資源尤其豐富，有大量專業社群（例如 Reddit、Stack Overflow）可以回答任何問題。只要你問對問題，通常很容易就能找到答案，甚至只要在 Google 首頁輸入幾個關鍵字就行了。不過，有些問題比較複雜，也許無法立即得到解答，但隨著ＡＩ科技的發展，已經有更為精密的資源可以取用。

二〇二二年十一月，OpenAI 發表一種聊天引擎「ChatGPT」。它運用機器學習與人工智慧來回答問題，解決問題的能力十分驚人。我有個朋友前陣子在處理程式碼，他請 ChatGPT 解決他碰到的某個問題，結果 ChatGPT 立刻解決。然後，他對 ChatGPT 說，程式碼又有另一個問題，這樣接連問了幾次，每次 ChatGPT 都會尋找問題、確定問題、提出解決方案。不知不覺，ChatGPT 已經在尋找並解決那些連他都沒發現的問題。

另一個要回顧的重點，就是我們在第 2 章提過的鐘擺概念。人很容易陷入偵察作業，因而忽視大局。記住，駭客方法的目的不只是盡可能了解系統，更要達到目標。偵察是過程中的重要環節，但它只是其中一個環節。真正的駭客始終會意識到，自己必須在規劃與實踐之間取得平衡。由此可見，你展開的偵察程度無須包山包海，只要能滿足你的需求就夠了。駭客方法的下一個階段，才是你真正要發揮毅力的地方。

步驟③：分析

駭客方法的第三個步驟，基本上仍處於規劃階段，但現在我們要確切找出達到目標的方式。我們已經在偵察階段收集資訊，現在要真正審視那些資訊，想想該怎麼利用它們來達到目標。尋找最佳方法時，你可以運用所有對相關系統的知識，也請將全部的駭客原則謹記在心。不過，在此要特別強調其中一項——「衡量風險」。在第一階段，我們運用這個原則來找出務實又值得投入的目標，現在我們已經完成偵察，也具備更多知識，你可能會發現那些算出來「值得」的範圍產生了變化。

此時，要掌握「靈活軸轉」原則。軸轉是把線索連結起來的過程，駭客在找出最佳、最有效的攻擊途徑時，都會經歷這個過程。而這正是你在分析階段要做的事情。為了達到目標，你到底需要經歷什麼樣的過程？在偵察階段，你發現系統裡的哪些弱點可供利用？你應該依照什麼順序來利用這些漏洞？在駭客方法的「分析」步驟中，找出你的攻擊途徑是最重要的環節。

假如你是試圖侵入系統的電腦駭客，在偵察期間得知系統有兩個伺服器：一，生產伺服器，是系統使用的主要伺服器；二，測試伺服器，是組織開發員使用的伺服器，用以確保開發員想要建置的新東西都能正常運作。兩個伺服器都有你想要取得的資料，你在分析後發現，由於生產伺服器是目前正在使用的伺服器，它的安全防護程度會比測試伺服器高上許多。在對手眼裡，測試伺服器應該不會是外部攻擊的目標。你據此得出，最佳的做法是攻擊測試伺服器。簡單來說，所謂的分析，就是將你得知的資訊轉換成實際的計畫。

把偵察期間取得的原始資料轉換成可行的行動計畫，當然很困難，畢竟那些資訊通常不會以分類整齊的格式呈現，而是一大團迥然相異的事實。這個時候，使用圖表來呈現那些資料會很有幫助。也許可以試試艾森豪四象限；這種圖表經常用來管理時間及排列優先順序。艾森豪四象限對所有工作進行分類時，是根據以下兩種條件：一，這項任務緊急還是不緊急；二，這項任務重要還是不重要。

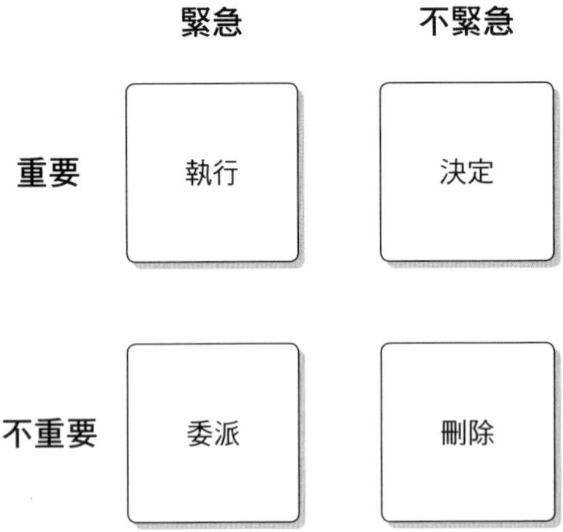

所有工作都可以分成以下四種：必須先完成的工作（緊急又重要），必須排定的工作（不緊急但重要），可以委派的工作（緊急但不重要），可以忽略的工作（不緊急又不重要）。

這種分析並非在每一種情況下都適用，但是「四象限」真的很萬用，可以把資料編排成更容易分析的格式。

創業者拉米特．塞提（Ramit Sethi）就運用相同的原則來製作產品需求矩陣，根據受眾與產品的貨幣價值，替企業評分。重點是用清楚又容易理解的視覺化方式來呈現資料，這樣就更容易找出攻擊途徑。

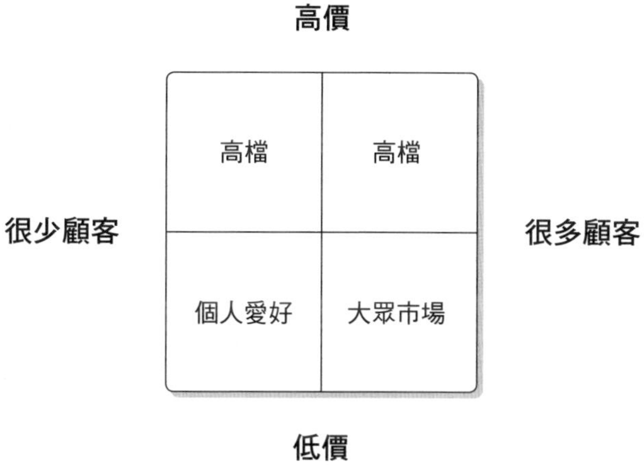

資訊都整理好以後，你就已做好準備，可以找出攻擊或行動途徑。通往成功的途徑有很多，你可以在分析步驟找出哪一條途徑對你最有效、最合乎需求。在偵察階段使用逆向工程原則，可能會發現別人是怎麼達到你設立的目標，這就是通往成功的其中一條途徑。接著，該來探討其他可能的途徑，並決定你要踏上哪一條路。

步驟④：實踐

所有策略與規劃，都會在這個階段落實。你決定了目標、收集了所有資

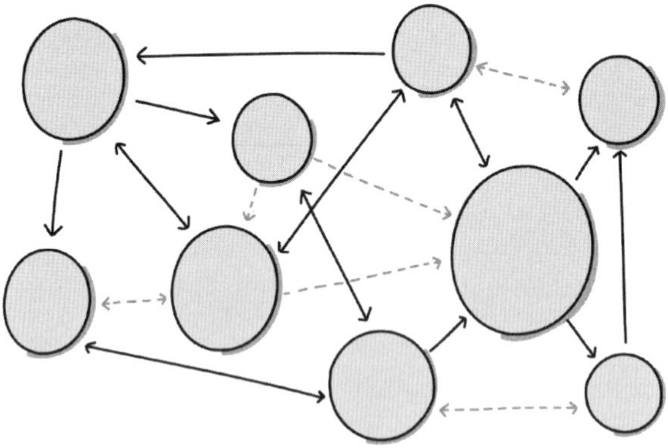

訊、分析了相關資訊來擬定行動計畫，現在該來實踐計畫了。想想駭客鐘擺，我們不能把所有時間都花在規劃上面，必須在規劃與實踐之間取得平衡。實踐這件事令人生畏，但有時，你只差一句「來吧，我們就這麼做吧。」作家很常碰到這樣的轉捩點。身為作者，你會想把所有時間都花在規劃書籍內容上。很多人以為自己的工作有一大部分是在花園裡走來走去、整日思考，但成功的作家會告訴你，你唯一的工作，就是把屁股黏在椅子上面，然後寫作。

離開規劃階段、開始實踐，並不簡單，你必須對自己的能力和過程抱持信心。如果你信任偵察和分析的過程，就可以自由地把計畫付諸行動，不會被內心的疑慮所困擾。千萬不要事後批評自己的計畫。做新的事情，心生疑慮是很自然的，但是經常猜想自己的計畫是否正確，會讓鐘擺過於偏向規劃那一側。就算你有世界上最好的計畫，要是不去實踐，它也等於毫無價值。拿破崙・希爾（Napoleon Hill）說過這樣的話：「行動是智慧的真正衡量標準。」無論你在資訊的收集與分析上有多麼聰明，如果沒有實際應用，就等同於一事無成。

實踐的速度也要納入考量。電腦駭客通常能在短時間內完成很多事情，儘管如此，你還是沒辦法完成每一件事。因此，一定要排列優先順序，把焦點放在專案中最重要的元素上。對於你能在既定時間內達成多少事情，要抱持務實的態度。然而，你不會想因為錯過最佳時機而錯失達成目標的機會。要確保目標達成，你必須打鐵趁熱。

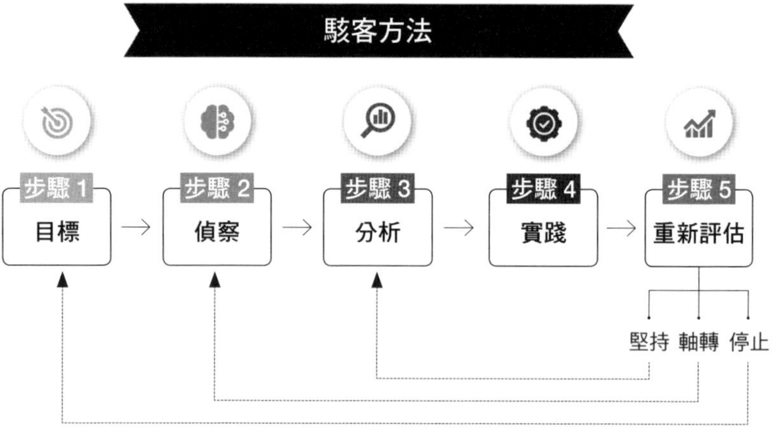

步驟⑤：重新評估

駭客方法的最後一個步驟，會大幅提升整個過程的效力。你已經歷各個階段——決定了目標，收集了所有資訊，分析了相關資訊，並想出計畫，還把計畫付諸行動——現在呢？你也許以為，到了這個時候，你要麼達到目標，要麼失敗。實際上，情況通常沒那麼直截了當。

如果你已達到目標，那很棒，但是人生不會就此告終。現在，該問問自己：接下來呢？你要往哪裡去？情況終究會變，所以你需要往後退，對於現狀進行評估。既然你已來到此處，接下來的目標會是什麼？也許你在一定程度上已達到原本設下的目標，只是並非完全達成。繼續沿著同一條途徑前進，值得嗎？你在哪個地方到達報酬遞減點？前文探討高效這個特性時，我提到帕雷托法則，也就是百分之八十的成果來自百分之二十的動機，如果百分之八十的成果都已達到，那麼付出其餘心力來取得另外百分之二十的結果，是否值得？也許不值得。有時，最聰明的行動，是在領先的時候放棄。

你當然有可能經歷過程，最終卻沒達到目標，那種情況下，你更該往後退，找出無法達成的原因。當發展不如預期，通常只需要一些小調整，情況就會變得順利。你需要找出計畫中缺少什麼，然後加進去，或者該把什麼多餘的部分去除，又或者，某些元素是否需要放大。在這個階段，你有機會拉遠鏡頭，看清楚你的策略到底需要做出哪些調整。鐘擺的一側會避免你把所有時間都花在規劃上，從而永遠無法付諸行動；鐘擺的另一側則確保你不會完全陷入實踐，忽視了計畫的發展。關鍵在於，找出規劃模式與實踐模式之間的平衡，並且在兩者之間來回擺盪。

最後，我想要再次提起駭客方法具有的循環性質：最後的步驟會帶你回到第一個步驟。駭客總是處於軍備競賽中，黑帽駭客會尋找漏洞與弱點，道德駭客會努力阻擋那些漏洞與弱點，確保自己一直走在對手前面。情況始終會變，整個過程要不斷循環，你才能在最後勝出。你的人生不會只是因為達成一個目標就結束；事情會不斷發生，而你一定想在這種情況下繼續成長。重新評估情況，觀察有哪些方面出現變化，並據此制定新目標，才能確保你獲得持續且長久的成功。

我們已經認識駭客方法的各個步驟，接著來看看它們如何在常見的情境下發揮作用。

11 範例①：職涯規劃

我想要說個故事，主角是跟我念同一所學校的人，名叫保羅。

保羅向來是那種脫穎而出的人，滿懷希望與抱負。高中的時候，他很受歡迎，而且不用多努力就能拿到高分。他在大學也表現得很好，每科都順利通過測驗，過著精彩的校園生活。他一直以來都事事順利，沒理由懷疑大學後的生活會有什麼不同。他不確定自己想做什麼類型的工作，但他主修數學，所以他很確定，無論自己最後會做什麼，都一定是很有前景的工作。總是有人對他說，理工科畢業生一定能投入頂尖事業。

於是他開始求職，起初相當隨意，好幾個月都沒收到回覆。後來，他開始有面試機會。不久後，他拿到某家投資銀行的中台部門（middle office）工作。他心想：「太好了，從此以後都會一帆風順。」他是個勤奮的勞工，幾年後就順利升遷，還獲得加薪。又幾年過去，他繼續努力工作，勞動的回報就是不上不下的加薪，而他的事業，從來沒像他所想的那樣真正起飛。一天結束時，他筋疲力竭地回到家，坐在電視機前打發時間，有時會直接睡在沙發上。十五年後，保羅還是在那裡，勤奮工作，想著自己哪裡做錯了。

世界上到處都有像保羅這樣的人，大家很容易被困在自己討厭或很平庸的工作中，振奮不起來。我就是其中一人。本章會探討人們何以最後做著不滿意又停滯的工作，剛展開職涯的人該如何應用駭客心態與駭客方法來避開那種處境，發現自己已經受困其中的人又該如何逃離。

受雇工作的優缺點

你需要問自己的第一個問題是：當一名員工對你來說是不是正確的選擇？對我來說不是。所以我若要踏上通往成就感的途徑，就必須把那個世界拋在後頭，並著眼於成為獨立的創業者。然而，並非每個人都是如此。對很多人來說，作為受薪員工即是正確的選擇。如果你是這樣，本章重點就會是如何讓你的工作成為正確的選擇。

我們可以使用「務實」這項駭客特性，思考成為員工有哪些優缺點。受雇工作有一些負面層面必須列入考量，其中最先要考量的，是以下無法逾越的事實：公司不在乎員工。很多公司會假裝關心又體恤員工，聲稱自己秉持價值觀，但在高層眼裡，唯一重要的東西其實是內部損益表的結算數字。如果你是一名員工，請堅定起身捍衛自己的權利，因為公司不會替你著想。

這種情況甚至擴及很多企業的人資部。表面上，人資部看起來應該是公司裡最關心員工的部門，畢竟他們制定的政策照理說要能保障員工福祉。然而，實際上，人資部的存在是為了維護企業系統，而企業系統的唯一目標，就是大幅提高利潤。你可能會發現，就算你大有所為，還是很難獲得升遷與加薪。很多企業的政策就是不要太常升遷。舉例來說，如果你去年升遷，公司今年可能就不會考慮你，或者可能會限制升遷人數。假如某個職位的員工有一百人，只有五人可以獲得升遷，那麼你就要跟同事一起投入直接（且往往令人不快）的競爭。這種系統在安隆（Enron）這類的企業最為極端，他們有個惡名昭彰的政策，即定期解雇百分之十五績效最差的員工。這種偽達爾文的資本主義惡夢，不可能是對員工有利的健康環境。

另一方面，進入企業當員工，有一些顯著的好處。作為一名員工，意味著你會擁有一定程度的穩定感和安全感。業主與投資人的收益通常仰賴市場潮流，順利的話，他們會賺大錢，但情況總有可能走下坡，導致他們最後賺得很少，甚至有所損失。身為員工，你不需要承擔那種風險，只要在固定的時間等待薪水進帳。不能將這種安全感置之不談；對某些人來說，安全感很重要。在他們眼裡，專注於受雇工作的職業，就是最佳選擇。這種情況在有家庭、有其他責任要承擔的人身上特別常見，擁有能夠倚賴的定期收入，對他們來說非常重要。

可靠的勞動契約能夠給予穩定感，意思是你的工作條款與範圍（以及你因此賺錢的方式）都有明確的規定。你不應該做的事情或不樂意做的事情，都沒有必要去做。你知道自己確切必須做的事情，並且有穩定的薪水作為報酬，就會因此獲得一定程度的舒適感和滿足感。除此之外，員工通常會享有一些福利，比如有薪假、病假、健保等。如果你是獨立業主，就無法倚賴這些福利。

有些超級成功人士會選擇踏上受雇工作之路，例如巴布．艾格（Bob Iger）、提姆．庫克（Tim Cook）、雪柔．桑德伯格（Sheryl Sandberg）、強尼．艾夫（Jony Ive）。沒錯，他們絕大多數都是高階主管，但他們都是從基層員工做起，然後逐漸爬上業界高峰。

請考量所有因素，思考你所處情況有哪些要求，以及對你個人來說最重要的事物，然後自問，如果要當一名員工，現在的職業對你來說是不是正確的選擇。如果答案是肯定的，我們就來看看你該如何在這個職業中成長。

你想得到什麼？

駭客方法的第一步，就是確定目標。你最想在這個職業的哪個方面達到完善？你覺得最重要的是什麼？如果你的主要目的是金錢，那麼你會想要看看哪些方法可以大幅提高你身為員工的所得。如果你是為了有威望的職稱和年資，那麼你會想要看看哪些方法可以快速升遷。也許你最在意工作與生活之間的平衡，那麼你會想要看看怎樣才能改善自己的策略，在工作上更具彈性。也許純粹是個人滿意度的問題，那麼你最好考慮如何轉職。也許你在乎的是企業使命，想為自己認同的目標工作。不管你是哪一種情況，都可以運用駭客心態，制定成功的策略並實踐，改善你身為員工的處境。再次強調，實行駭客方法時，請務必在一開始就確定自己想要達到什麼目標。

你也需要確定，自己是想要改善目前的工作職位，還是想要轉換到新的職位。要做出什麼選擇，取決於你已經決定的其他目標，因為你可能有必要採取某種做法，以利達到主要的目標。你也許剛畢業，希望能拿到進入職場的第一份全職工作，那就要看看哪些手段可以滿足前述所有的可能性。這也帶出了制定目標時需要考慮的另一個問題：你願意在哪方面妥協？舉例來說，也許有個超好的工作，符合你的所有條件，但你必須搬到另一個縣市。你願意這樣做嗎？這件事當然沒有對錯之分，取決於個人的條件和喜好。不過，這凸顯了你必須知道自己願意做什麼、不願意做什麼——確立底線在哪裡，幾乎跟確立目標一樣重要。確定這件事以後，才能進行駭客方法的下一步。

薪資與升遷

我們探討的第一組目標是薪資與升遷。無論公司多麼百般施加壓力，迫使員工表現得像是深受公司的目標所激勵，實際上，百分之九十九的人之所以工作，是因為想要得到報酬，最終拿到高薪。這樣想並沒有錯！那麼，問題來了，員工想要大幅提升收入，該怎麼做？

首先，我們要明白，升遷、獎金、加薪不會從天上掉下來。大家普遍認為，只要忠誠又努力地工作，就會獲得應有的回報。然而，絕對不是這樣。除非有必要，否則公司絕不會想多付一塊錢。如果員工一直盡責地工作，始終產出很好的成果，公司為什麼要主動花更多錢在他身上？站在管理者的角度，幫員工加薪對公司沒有好處。也就是說，想要加薪、拿獎金或升遷，你都必須自己爭取，別人才不會幫你。

小提醒：追求升遷與加薪，就無法避免跟同事競爭。通常，公司在獎金與加薪上會有固定的預算，提供的升遷名額也有限，可能每二十名員工當中只有一個人得到機會。如果你想要爭取升遷，肯定也有很多同事想這麼做。若想得到這個機會，就必須確保自己脫穎而出。

這種情況下，能見度十分重要。你要確保自己在公司能夠「被看見」。默默把工作做好，這樣是不夠的。就算你的業績貢獻度排名第一，如果沒有被公司裡的其他人看見，那麼在考量獎金與升遷時，你就不會進入名單前段。當然，這並不表示你不應該好好表現；如果你在公司裡是出了名的「行走災難」，那麼被看見就沒有好處。但你應該意識到，你在公司裡的「品牌經營」，就跟你的個人產出一樣重要。直言不諱地說出自己的專業與成就（當然不能流於自誇），可以提升你的能見度。舉例來說，如果你發現同事在某個問題上碰到困難，而你知道怎麼解決，那就去幫他，然後講出來。或者，更好的方法是，如果你在自己的工作上碰到棘手的問題，而你知道怎麼解決，那麼請把解決方案告訴主管。「我碰到這個問題，我應該怎麼做？」和「出現這個問題，我是這樣解決的。」這兩句話的差別很大。稱職且直言不諱地說出來，會把你的價值烙印在高層的印象裡。當升遷、薪資或獎金考核的機會出現，你的名字就已經在他們的嘴邊。

提升能見度、追求升遷與加薪，還有另一個層面：主動開口。請記住「主動進攻」和「衡量風險」這兩個駭客原則，你必須親自去追逐那些機會。要求加薪就是不對稱風險的例子，最糟糕的結果是對方回絕，但你成功的可能性很大。就算對方回絕，你在要求加薪或升遷時，能見度也提高了，公司領導階層的人會知道，你想要在事業上有所進展。這個印象會在長期上為你帶來好處。

說到大幅提高薪資，還要注意一點：忠誠度與加薪並不相關，反而是負面關聯，因為你對公司越忠誠，加薪的可能性就越低。原因很明顯，如果你是個忠誠的員工，那麼公司不用花多少錢就能留住你。這在生活中的各種商務與財務層面都已經是老生常談，諸如能源公司、網際網路供應商和信用卡公司。如果你一直是個忠誠的顧客，那麼你拿到的好處會比較少，支付的費用可能高過於那些頻繁更換公司的人。不久前，我在 Amazon Prime 碰到好幾個問題，他們一直把我的訂單搞錯，運送延遲，不同訂單在到貨時都已損壞。我打電話向 Amazon 客訴，發洩了好幾分鐘後，客服人員問我是不是想要取消訂閱 Prime。我說：「不。」雙方的對話逐漸停止，問題沒有解決。我在當時體悟到，他們很懂消費者。如果我不願意離開，他們就沒有動力投資任何時間或金錢來留住我這位顧客。補充一下，我後來取消了 Prime 會員資格，幾乎沒注意到生活有什麼差別。

回到職業的話題，從統計數據可以看出，經常轉換公司的員工在薪資上遠高於忠誠員工。換公司的話，薪資會有約百分之二十至四十的增長；待在同一家企業，你預期的加薪幅度可能是百分之五至十。不是要鼓勵你一直離職換公司；要是你的履歷充滿各種待了三個月就走的工作經歷，那麼雇主往往會不太信任你。每兩年到三年換一間公司，才是甜蜜點。兩年到三年的時間，足夠證明你是位認真的員工，同時又不會受困於同一家企業的停滯薪資。大約十年後，你會發現自己的薪資輕易超過在某一家公司任職超過十年的同行。拿下新工作當然不容易，必須投入大量時間和心力，後面會更具體探討這個過程。你必須問自己：「願不願意努力？」如果你是真心想要提高薪資，那麼答案勢必是肯定的。

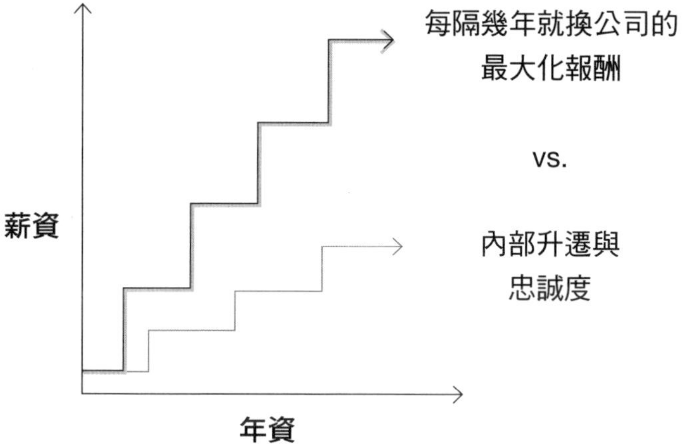

時間、福利、個人成長

你在受雇工作上關注的重點，一定會有薪資以外的因素。除了安全感，成為公司的一分子，可能也會獲得各種福利與成長機會。視你選擇的工作而定，這些因素會有個別差異。思考、優化目標的同時，我想花一點時間談談這些特點。同時，請記住，就算某項福利或安排沒有被列為工作的一部分，你還是可以問問公司是否願意在那些方面保有彈性。原則只有一個：主動進攻。

時間與彈性是選擇工作的主要考量。你可能需要為了某些工作搬家，那你就要評估自己願不願意這麼做。如果你不想搬家，那麼也許能探聽一下，有沒有可能遠端工作。疫情後，求職生態改變了，企業的心胸變得開放許多，願意接納遠端工作的概念，畢竟他們在疫情期間已經見識過遠端工作的模式。就算雇主沒有立刻提出遠端作業這個選項，你還是可以主動詢問。你可能會感到詫異，因為很多企業其實都會同意。

工作時數是另一項因素。標準工時為一週四十小時，平均一天八小時，從九點工作到五點，一週工作五天。如果你能接受這個模式，那就沒問題，不過，基於個人喜好或你肩負的某些責任（例如育兒），你也許會想探究其他選擇。有一種愈趨普遍的模式，是每天工作十小時的四天工作制，也就是一天工作十小時而不是八小時，然後一星期只工作四天，星期五休假。一星期的總工時同樣是四十小時，但週末變得更長，隨你運用。你也可以一天工作九小時，隔週休星期五。這些全都是每週四十小時標準工時的彈性替代方案。再說一遍，公司或許不會立刻提供這些安排，但是問問看是否可能保有彈性，對你也沒什麼壞處。

有薪假、病假、健保、育嬰假等福利，也是該列入考量的因素。重點是確定對你來說重要的事物有哪些，並在尋找工作的過程中，把它們列入考量。也許你會鎖定那些願意提供前述福利的工作，也許你會詢問潛在雇主是否能提供你想要的福利。

受雇工作還有個好處，那就是個人發展與成長，而這是相當難下定論的層面。我們都很重視個人成長——還記得「持續改善」這個駭客特性吧？——但要在特定工作中達到個人成長，通常沒有明確的方向。雇主總是會列出自己願意提供的各種學習與發展機會，但是你也知道，他們真正感興趣的是員工為企業付出的勞力，而不是員工會獲得的福利。此外，成長機會與薪資不同，無從量化，所以沒有正規的方式能讓雇主為這類承諾負起責任。由此可見，你必須負責找出個人的發展機會，並且持續追蹤。

推薦一個很不錯的方法：替未來的自己寫履歷。想像三年後的你在寫履歷，列出你在某家企業的特定職位工作三年後，可能獲得的所有技能。那些是你想要培養的技能嗎？如果答案是否定的，那麼也許那份工作不適合你，最起碼它不會提供你想要的個人發展。如果你有想要培養的技能，你就要持續追蹤，看看你實際上有沒有培養出那些技能。密切關注自己的狀況，回頭檢視你的未來履歷，看看現在的你和未來的你有多接近。如果一年之後，你並沒有更接近未來的自己——也就是說，那份工作並沒有提供你以為會有的機會——那麼，就該尋找替代方案了。

求職

我重複提了很多次，你必須從一開始就明確知道自己重視哪些層面。薪資、職稱、彈性、福利、個人成長，還是前述兩個以上的層面？你也應該思考自己想替哪種企業工作，在大型企業工作的經驗，與新創公司截然不同。在小型組織裡，你很有可能會負責較廣泛的工作範圍，被期待擔負各式各樣的職責，因為團隊的人員數相對不足，無法讓每個人只做特定的工作。另一方面，大型組織比較可能讓員工專做特定的工作，因此，每個職位很有可能要肩負更明確的職責。考量所有因素，思考哪個方面對你來說最重要、你願意在哪方面妥協，就可以做好十足的求職準備。

確定目標後，接著要進行駭客方法的下一步。在找工作這個情境之下，重點是在求職時進行偵察。

求職過程本身相當折磨人，但只要應用駭客心態，就能大幅提高成功機率。如果你應徵的是大型企業，可能會碰到以下情況：企業採取的第一步，是使用AI把不含某些關鍵字的履歷篩選掉。至於是什麼關鍵字，就要視部門與職位而定，稍做研究有助於找出你需要納入哪些關鍵字。當然，這只能讓你通過第一關，後面還有很多方法。

大家在求職時傾向使用公版履歷和求職信，把大致相同的內容寄給一大堆公司，然後看看哪一家會理你。我懂，不過，這種做法很難成功，而且這是典型的懶鬼心態，全都是實踐，缺乏規劃。身為駭客，千萬不要低估偵察和分析的重要性。你要盡可能挖掘出一切，不只要了解你想應徵的職位，還要了解範圍更大的整個公司。觀察同一家公司對類似工作的描述，也可以在 LinkedIn 或別的社群看看該團隊人員的履歷。你不但要找出這家公司重視的技能有哪些共同點，更要找出他們在特定技能或能力上可能遺漏的缺口，然後據此修改求職內容，證明自己能夠補上那些缺口，同時也具備替補空缺職位所必要的技能。運用駭客級的偵察與分析去修改求職內容，就能大幅提升成功機率。

至於該如何呈現技能，你就想成是T形結構吧。你展現某個領域的某種高超技能（T中的I），同時也展示其他多種技能（T中的一），證明自己會為公司帶來額外的價值。你可能聽過這句話：「樣樣都會，樣樣不精通。」這句話描述的是擁有各種技能、實際上卻不專精於任何一個特定領域的人。說到找工作，「樣樣都會」不是什麼好策略，因為雇主通常想找在最相關領域具備深度專業技能的人。況且，沒有人能在各種領域都成為十足的專家，所以T形結構才會是最好的平衡，也就是展現某個領域的深度專業，並具備各種輔助技能來支持那個專業領域。其實大多數電腦駭客就是這樣，因為駭客通常需要廣泛了解各種科技平台，同時運用某些特定領域的深度專業。求職時，請採用這種做法，如此一來，跟競爭者相比之下，你會成為最具吸引力的潛在雇員。

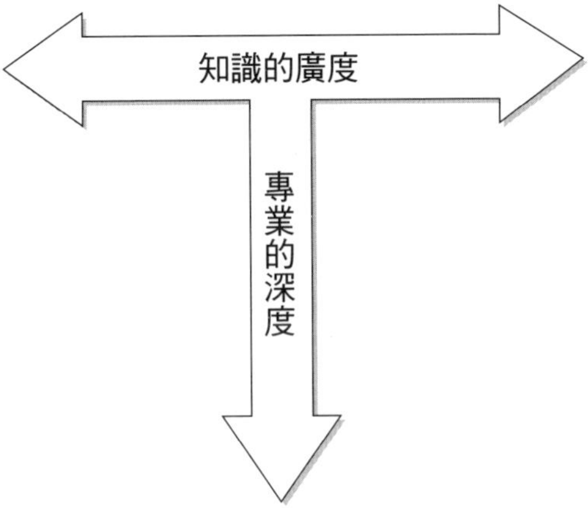

還有一種方法可以讓你取得優勢：和相關部門或團隊裡的在職員工進行非正式面談。也就是說，以潛在求職者的身分聯絡那些員工，請他們跟你聊一聊，了解他們的工作情況。這會讓你進一步認識那家公司與其價值觀，有助於編排你的求職內容，讓你在求職者當中脫穎而出。在招聘者眼中，你會顯得特別有動力，而你會因此勝過其他求職者。你只要巧妙提問，就能深入洞悉招聘經理的個性，還有面試官可能是誰。你可以提出各種問題，藉此獲得洞察力。舉例來說：我是要替補某個人，或者這是全新的職位？如果是要替補某個人，那個人有什麼成績、是否帶領團隊獲得成功？如何定義那個職位的成功？目前的團隊組成在哪些方面有技能缺口？團隊此刻面臨哪些挑戰？你一定看得出來，這些問題的答案會讓你在招聘經理面前取得面試優勢，因為你會將自己呈現為能夠完美填補團隊缺口的人。

偵察與分析讓你置身於理想的位置，有利於求職。此時就要利用「就地取材」這項駭客原則。你可以在網路上找到典型的面試提問，像是 Glassdoor 和 LinkedIn，從中找出更多有關公司及其結構的資訊。運用你收集的資訊，會提高你進入面試階段的機率。前面用來修改求職內容的資訊，在面試期間也很有用。熟悉公司和企業文化是關鍵。你要證明自己很適合那個職位，具備該職位所需的技能，以及各種具有附加價值的技能（也就是你之前找到的、可用來填補缺口的技能）。

別忘了駭客方法的「實踐」階段。再說一次，求職真的是一段非常折磨人的旅程。尤其當你住在大城市、競爭對手眾多，求職之路會更累人。完成偵察與分析後，你還要有毅力，把計畫付諸行動。

重新評估

駭客方法的最後階段，是整個過程的關鍵。若想避免被困在一成不變的處境當中，這是最重要的階段。一旦你拿到理想的工作——符合你最初確立的所有目標的那份工作——你應該定期往後退一步，看看整體。你所在之處是你想待的地方嗎？情況是否跟你預期的不一樣？你的情況是否改變，導致你有新的優先事項與目標？重新評估情況，然後回到駭客方法的開頭。

把駭客心態應用在你的職涯上，不只能讓你求職成功或順利升遷，重點是確保你的工作始終能讓你待在想待的地方、去想去的地方。始於確立目標，終於重新評估的階段，然後再回到目標，像這樣徹底遵循駭客方法，就能確保你的工作帶來長久的滿足感。

12 範例②：創業

以員工的身分工作，是某些人心目中的正確答案，但對另一些人來說，這表示他們永遠無法過上自己滿意的生活。我的情況正是如此，而我的解決方案，就是創業。

我的受雇生活，多半是以網路安全專家的身分為各種政府組織工作，而我真正開始對身為一名員工所受的限制感到厭煩，是在聯邦準備銀行任職的時候。升遷少之又少，就算升了，加薪幅度也不大。此外，我的工作本身雖然很有意思，卻日復一日、做著同類型的事情。我開始感到單調乏味。我越來越覺得當員工的所有優點——安全感、明確的工時——已經不足以彌補缺點。於是，我開始尋找替代方案。

我擔任道德駭客，向各家供應商採購必要器材時，總是碰到困難，對此灰心喪氣。我們必須到處尋找所需的器材，特地訂購的東西總是有可能在最後關頭不起作用。我經常對自己說：「如果有一個可以採購這些東西的地方，上面還有使用者的心得，讓我們知道那個東西有多好，這樣不是很棒嗎？」我當初還只是個從週一工作到週五的員工，就已經找出市場的缺口。而到了真正該尋找出路的時候，我便以創業的方式來填補這個缺口。我自己都還沒意識到，就已經把駭客心態應用到人生中。

不過，我沒有立刻辭掉工作、就此創業。我很清楚，把概念化為事業，不是絕對會成功的事情。一開始就要我把雞蛋全都放在創業的籃子裡，並不符合我的風險偏好。起初，我仍以全職員工的身分工作，並開始在空閒時間投入創業的事前準備。這是個緩慢的過程，因為我沒有足夠的時間可以專心投入，但幾個月後，這個事業開始有了熱度，我變得稍微更有信心，決定把聯邦準備銀行的工作轉為兼職，一星期只在那裡工作三天，剩下四天就專心投入自己的事業。雖然轉為兼職後收入減少，但只要持續有收入，我在努力提高事業利潤的同時，就得以維繫生活。事業穩定成長，最後我決定在國際資訊安全會議（DEF CON）展出；那是世上規模最大、最經典的駭客大會。我花了一萬美元（當時的全部積蓄）大量進貨、打包，前往大會的舉辦地點——拉斯維加斯。大會為期三天，第一天布置完後不到三個小時，我的庫存就賣光了，一萬美元的投資金額帶來很不錯的利潤。我很懊惱，覺得應該要用信用卡買下更多庫存才對，但後見之明總是顯而易見。當時，我冒的是能夠讓我安心的風險。我在國際資訊安全會議賺到的錢很可觀，但是在那裡展出還有另一個好處：我因此明白這門生意真的穩當又有望成功。我辭掉聯邦準備銀行的工作，專心投入自己的事業，剩下的事情大家有目共睹。

創業這個點子，起初只是我作為員工時產生的想法，不久後就成了七位數的事業。我是不是應該更早創業呢？就像我說的，後見之明總是很精準，但當時的我必須考量風險，而我根據自己願意冒的風險，做出了合適的決定。別忘了駭客心態的關鍵特性，我們必須務實看待創業的風險。

創業絕對不簡單

那麼，務實點，來看看創業會遇到的挑戰吧。

必須闡明的第一點，是就算你擁有很棒的創業點子或主題，也無法保證會成功。近來這方面的統計數據相當嚴酷，美國所有新創公司中，一年內有百分之十八失敗，五年內有百分之五十失敗，十年內有百分之六十五失敗。這些數據顯然是涵蓋所有的新創公司，而你一定會想：不是所有創業點子皆生而平等。大家也許看過美國實境秀節目《創業鯊魚幫》（*Shark Tank*），運氣不佳卻夢想成功的參賽者帶著最瘋狂的想法現身，期望獲得大筆投資。在攝影棚裡，他們都被一笑置之，但這也算是一種新創公司，肯定也被計入了創業失敗的統計數據之中。並不是說失敗的創業都是奠基於不好的點子；很多新創公司乍看是奠基於扎實的業務計畫，卻也失敗了，背後有很多原因，例如缺乏投資、缺乏發展，或者純粹運氣不好。運用駭客心態，可以大幅提高成功的機率，而開創新事業，總是伴隨一定程度的風險。就我自己的情況，我決定繼續當兼職員工來抵銷風險，等到我有信心、覺得事業可能會成功，才專心投入。但是對於其他剛起步的創業者來說，可能失敗的風險則是必須設法克服的障礙。

第二點，身為業主，你需要付出非常大量的努力，尤其是剛開始投入創業的時候。剛起步的創業者多半只能靠自己，要試著在資金很少、沒有外來投資的情況下創業。早期階段不得不仰賴自己的資源和時間來打造事業，這絕非易事，需要嚴守紀律才做得到。當老闆跟當員工不一樣，沒人跟你說何時開始工作、何時結束工作，也沒人負責確保你一星期工作多少時數。你要花多少時間工作，全看你自己。你必須嚴守紀律、自我激勵，才能確保自己把該做的事情做完。在創業的早期階段，你也必須承擔多個職位。多數大型企業會有不同階層的人員，負責不同的職位，最上面是高階主管，負責擬定企業的整體願景；高階主管之下的是經理人，負責研擬策略並制定計畫，有效實現願景；經理人之下的是勞工，負責執行經理人的計畫，做出企業的產品或服務。自行創業的話，你就必須承擔前述所有職位，從想出整體願景與業務策略，一直到最枯燥乏味的工作，比如在信封上面寫地址或把貨品搬上貨車，任何事都要做。

你一個人要掌握各式各樣的事情，很容易變得茫然失措。建立新創公司絕對會讓你沒有空閒時間。當時，我把正職工作轉成兼職，這樣才能把更多時間投入創業。我一星期替聯邦準備銀行工作三天，然後剩下四天投入創業，這無異於一週七天都在工作，而且我很確定，假如我當時一舉辭掉工作，就會把整整七天都投入創業。創業本來就是這樣，要做的事情總是多過於做事的時間，而且創業會開始獨占你的注意力。沒人會對你說「可以停下來了」，沒人會付你加班費，全看你自己會不會遵守紀律、夠不夠自制。反之，如果你最後把事業帶往錯誤的方向，也沒人會跟你說「不要這樣做」。當你什麼事情都自己來，很容易就會陷入出乎意料的情況，做不出結果，又看不清全局。此時，駭客心態很有幫助。永遠別忘了鐘擺，要在規劃與實踐之間達到完美的平衡。當你把全部的時間和心力都投入於創業，就會掉入過於重視實踐的陷阱。往後退，綜觀全局，同時也要掌握規劃面。

最後，我只想說，創業永遠無法立刻大獲成功。很少公司一開始就賺錢，甚至往往剛起步就虧損，總是要花一陣子的時間才能打平，然後開始賺進利潤。你在創業上所花的時間、心力、資本，有可能都要幾年後才看得到回報。創業要成功，勢必得歷經千辛萬苦，長久投入其中。

但是創業很值得

創業是一大挑戰，無可否認，但它也是一段美好的經歷。我認識很多對生活感到滿足的人，他們都是創業者，包括我自己。當個業主有一些很棒的好處，首先，你是獨立的。創業的缺點是沒有任何監管或指導，但同時，你也非常自由。你就坐在駕駛座上，負責所有決策。如果你目前或直到前陣子都還是員工，你可能偶爾會因為執行董事會做出的決策而感到灰心。那些商業決策有時簡直毫無道理。你明明知道問題是什麼，也握有解決方案，但偏偏你不是那個負責做決定的人。然而，創業的話，負責做出一切決定的人是你，別人無法反駁。

當個獨立的業主，意味著你會有彈性，能夠決定自己的工作方式。你要在何時何地工作，都由你決定。沒有特別的事由，下週三就是想休假嗎？還是說，想要明天開始臨時去度假？當然沒問題，旁邊可沒有霸道的主管抱怨你應該三個月前就先請好假。也許你偏好的工作地點是家裡、咖啡廳、辦公室，甚至想在加勒比海地區到處旅遊時，在巴哈馬的海灘上打開筆電，無論如何，一切都是你說的算，不會有企業政策堅持你一星期要出現在辦公室幾天，不會有不滿的高階主管問你為什麼穿著睡衣參加 Zoom 視訊會議。想要一整天穿著睡衣在家裡工作？那就穿！沒人可以阻止你。

當然，我還是得說，前述這些決定都會影響到你的事業。你要是選擇一星期只工作一天，就不能去想你那剛起步的事業，怎麼會成長速度不如預期。你在辦公室的工作效率，其實很有可能高過於在家裡工作。我們甚至可以談談男裝心理學。我以前認識的某個人，每次要打電話給難搞的客戶前，都會先穿好全套西裝，腳上更是踩著正式皮鞋。客戶看不到他，但是他覺得西裝會讓他更有權威感，幫助他更沉穩應對難搞的客戶。每一個決定各有其後果，某些人心目中的正確決定，在其他人眼裡可能是不正確的決定。當業主的其中一個優點：你可以決定哪種工作方式適合你和你的公司，然後就依照那種方式做事，而大多數的企業對員工都是採取一體適用的做法。

身為創業者還有一個很大的優點：收入的成長有可能遠高於受雇工作。企業的薪資往往跟不上通膨率，這是相當顯著的趨勢。企業通常會快速提高價格，來反映成本的增加。此時，要回到我在前一章提出的論點：企業只對大幅提高利潤感興趣，而其中一個面向，就是盡量壓低員工薪資。身為業主，你的薪資就在你的掌握之中。如果消費者物價指數上漲，你可以確保你個人賺進的金錢增加，藉此抵抗通膨。

廣義來說，擁有成功的事業，你的收入通常會遠高於你當員工的薪資。我就是這樣。創業幾年後，我的收入遠高於前一個職場最資深員工的薪資。至於跟某些已爬到高階主管職位的同行收入相比……嗯，只能說我一點都不後悔。當然，並不是說創業就一定能賺大錢。請注意，我在本段開頭寫的是「擁有成功的事業」。當上創業者以後，決定收入的公式也會隨之改變。身為員工的你，薪資受限於傳統職涯發展範圍；身為業主的你，只要好好壯大事業並做出正確決策，收入就會立刻激增。這跟工作時間和場所一樣，決定權掌握在你的手中。

我當然也應該討論業主在承受高度變化的工作量後，必然會有的結果。要面對各式各樣的責任，確實令人生畏，但另一方面，你有機會從事不同的職位。員工通常會被分到所屬的工作範圍，少有機會拓展眼界。舉例來說，如果你被雇用為數值計算師，那你可能不會有機會探索創意工作，或者如果你在大企業擔任特定的職位，那麼就不太有機會擬定更全面的計畫。身為業主，你能夠從事前述所有職務。你可以在任何領域增進技能，機會無窮無盡。

最後，我只想說，擁有事業並將其壯大，真的是很有收穫的經驗。那是你一手打造的事業，所有決策都完全在你的掌控之中。而事業成功的時候，你會很有成就感。我有個朋友是小說家，他曾經對我說，每當他情緒低落，就會把自己出版的書都拿出來，堆在桌子上，然後看著它們，心想：「我做到了這些。」他的心情就會好起來。當業主也是一樣，擁有成就感，知道自己付出了心力、做了正確的決定，並打造成功的事業，你真的會振奮起來。

如果你讀了這些文字，內心充滿雀躍和熱誠，也許創業這件事很適合你！

你想要什麼樣的事業？

駭客方法告訴我們，不管面對任何事情，務必從一開始就確立目標。你打算成為創業者的時候，是想讓哪個方面達到完善？這會影響到你的做法，以及你能打造的事業類型。

你要思考的第一件事，就是讓你的金錢策略達到完善。身為業主，你無疑會想要賺錢，但賺錢並不是嘴巴說說那麼簡單。你想賺多少錢？多快賺到？你希望有足夠的錢付帳單，並過上舒服的生活，還是說，你想擁有更奢侈的生活方式，花錢買昂貴物品，不用擔心價格？你在讀這些文字的時候，肯定會心想：錢賺得多當然好過於賺得少。不過，如果讓收入大幅增加到這麼高的程度是你的主要目標，那麼在一些其他的目標上，你可能不得不有所妥協。

舉例來說，很多剛起步的創業者會覺得自己努力打造出了下一個獨角獸企業——下一個價值超過十億美元的新創企業。不過，獨角獸企業其實稀有又罕見，不僅需要大量的努力，還需要大量的好運。此時就該分析你在賺錢這方面的目標。在最短時間內打造出價值十億美元的企業，是你心目中最重要的事情嗎？如果答案是肯定的，那麼你當然可以大膽一試，但也要注意，你在某些方面的選擇勢必要有所犧牲。如果立刻賺進大筆金錢並不是唯一重要的事（大多數的人都是如此），那麼，試著打造我所說的「金駱駝事業」（cash camel）可能比較明智。金牛事業（cash cow）指的是不需要大筆金錢就能起步，而且會穩定產生利潤的事業。金駱駝事業與之類似，只是金駱駝事業會有充足的現金儲備，能夠額外帶來安全感。打造金駱駝事業沒有獨角獸企業那樣令人驚豔，但絕對可靠。投資人柯蒂・桑切斯（Codie Sanchez）經常談到這種做法。談到投資，她特別贊同「逆向思維」，主張「有點成功」的事業也算是成功的事業。比起打造收入幾十億美元的事業，「有點成功」的事業輕鬆多了。

前文提到，當獨立業主有一大優點，就是能夠決定自己的工作時間和工作環境，但這些決定也會同時影響到你能打造的事業類型。舉例來說，如果你的事業是提供個人服務，例如當顧問或家教，你勢必要付出很多時間，而一開始也會帶來相當可觀的收入。另一方面，創立一家電子商務公司很花時間，但隨著公司壯大，業務變得更穩定又完備，你需要投入的時間就會大幅減少。只不過，過程也需要一點時間，公司的收入才會等同於你擔任顧問的收入。

在決定你要以何種方式投入創業時，工作環境也是一項重要因素。當今很多企業都能夠遠端運作。對於想過游牧生活的人來說，遠端工作會是主要的考量因素，他們可以一邊經營線上事業，一邊移往他處。如果彈性的工作地點對你來說很重要，那麼經營完全線上的事業，可能是你的最佳選擇。

有些人之所以有動力成為業主，是因為成功的創業者會享有地位與名聲。建議大家提防這類的動機。前面提到的安娜·索羅金就完全是為了名聲；她想讓大家知道，她過著令人嚮往的生活，自戀地以自己的名字創辦安娜·狄維基金會，試圖以創辦人身分獲得敬重。但她終究沒有別的東西能作為證明，最後被判詐欺入獄。還有一個更引人矚目的例子。伊莉莎白·荷姆斯（Elizabeth Holmes）是Theranos 創辦人，那是一家健康科技公司，聲稱能夠使用極少量的血液進行血液檢測。那似乎是個非常成功的創業，巔峰時期的估值約一百億美元。唯一的問題是，該企業聲稱的血液檢測竟然完全是偽造的！伊莉莎白·荷姆斯也因此被判詐欺罪。地位與名聲會伴隨成功而來，但若把兩者當成主要目標，長遠來看，你不僅可能會錯失名聲，也可能錯過成功。

把動力建立在地位之上是一種選擇，還有另一種選擇，是以社會影響力為動力。你可能不全是為了個人利益，而是想確保你的公司實踐某種社會公益。很多企業就是為了改善弱勢族群的生活而創立。也許你的公司在本質上就具有社會影響力，但若非如此，你還是可以把社會影響力當成目標。舉例來說，你可以捐出利潤的百分之一給慈善組織，或百分之五，甚至百分之十。

很多成功的企業都是奠基於此。我們來看看 Bombas 吧。Bombas 服飾公司的創辦目的是達到商業成功，同時發揮影響力，幫助街友庇護中心的人們。街友庇護中心最需要的物品就是襪子，所以 Bombas 公司開始以「買一捐一」的方式賣襪子。顧客每買一雙襪子，Bombas 就會捐出一雙襪子給街友庇護中心。公司變得更為成功後，他們繼續擴及街友庇護中心最需要的第二種與第三種物品——內衣與汗衫。

這個例子呈現出企業如何兼顧經營，並努力帶來社會變革。至於你的事業，可以讓它貼近你想要的任何理想。記住，這是你的事業，你的選擇。

什麼樣的事業適合你？

確立目標以後，就該找出哪種事業最能達到你的目標。你必須在所有目標之間取得平衡，並找出什麼樣的事業最有助於達到目標。這確實很棘手，但有個過程可以幫助我們釐清。

日文 ikigai 的概念直譯是「存在的理由」，也就是「生之意義」，意指那些為人生帶來意義或價值的計畫與作為。為了找出「生之意義」所採用的做法，特別適合用在這裡。先把你的想法列出來，再判定那些想法是落在以下四種類型的哪一種：(1)你喜愛的事物；(2)世界需要的事物；(3)你可以得到報酬的事情；(4)你擅長做的事情。你可以據此辨識哪些想法同時屬於多個類別。舉例來說，你擅長又能夠得到報酬的作為會是一種職業，你喜愛又擅長的作為會是一種熱忱，你喜愛且世界需要的作為會是一種使命。你的「生之意義」符合這四種類別，也是文氏

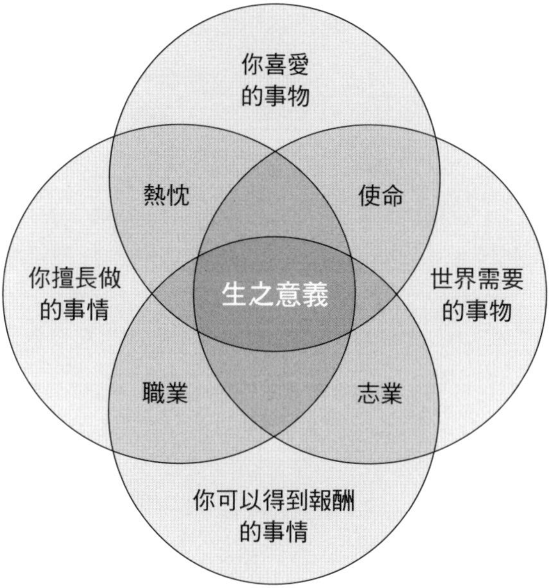

圖（Venn Diagram，如上圖）的核心。

當初我打算成為創業者，為達目標而找出最佳商機的時候，就採取了類似的做法。我並沒有使用判定生之意義時所使用的分類，反而列出各種跟我的目標有關的要素，涵蓋了投入與產出的角度，然後在一張紙上畫出矩陣表，這樣我就能看見所有創業點子分別在各個要素拿下多少分。最理想的情況，我尋求的事情長期上要能以最少投入達到最大產出；

商業分析表

商業		投入			產出			決策
點子／專案	類型／種類	時間	$ 支出	複雜度	$ 推估（受眾規模 X 價格）	多個槓桿機會？	長期外包／被動？	後續行動？

這差不多就是聰明投資的定義。像這樣把所有東西都寫在紙上，有助於更清楚看見哪種生意對我最有利。投入方面，我考量了自己需要投入的時間、需要投資的金錢，還有成功途徑的複雜度；產出方面，我考量了自己有可能賺進的金錢、創業點子是否有多個槓桿點，可以帶來進一步的機會、有多少程度可以外包，以便促成自立的系統。我並未在前述因素上鉅細靡遺地深究，例如，只用「少、中、多」來表示估算進出的錢，畢竟矩陣表的用途並不是制定完整的創業計畫，只是為了找出哪些創業點子最有可能幫助我實現目標。

結果，電子商務就是我在尋找的答案。電子商務的經常開支費用少，所以早期賺進利潤相對容易，而且可以規模化。公司創立後，實際的技術部分多半可以外包，這樣長期來看，我就能以最少的時間幫助公司生存下去。電子商務對我來說是正確的選擇，也符合我制定的目標。你可以遵循這個簡單的過程，做出你自己的決策。只要記住，外面有各式各樣的商機，也許是販售數位產品或實體產品，也許是提供服務，例如當教練、顧問或甚至遛狗，也許是製作 YouTube 或 Podcast 內容，也許是開設實體麵包店。前述任何一種商機，或者其他無以計數的商機，都可能是適合你的解決方案。你要考量所有可能性，把這些可能性跟你找出的不同因素比較看看，然後判定哪一個可能性最符合你的目標。

偵察

接著就要進入偵察階段，進一步找出最佳創業類型。外界有很多各種公司的資訊，比如收益、支出、整體利潤，而成功企業的相關資訊特別多，網路上面處處是資源。舉例來說，Crunchbase 網站可以讓你隨意搜尋任何一家上市公司，並且提供前述的資訊，在主要搜尋引擎上輸入準確的關鍵字，甚至能夠取得更多資訊。這些公司只是做著他們一直在做的事，就等於是在對你說明如何打造成功的企業。公司大獲成功後，激烈的競爭當然會隨之而來。許多成功企業很快就發現自己不得不加入競爭，畢竟有其他公司覺得自己也能做到同樣的事情，而且做得更好。我有幾位朋友，特別不希望自己的公司進入世界五百強企業（Fortune 500）名單，因為他們都很清楚，更多曝光會引發更多競爭。然而，從剛起步的創業者角度來看，進入世界五百強企業名單可是一大良機。

假如某家成功企業經營的是你已經熟悉的領域，而你徹底研究該企業的經營之道，發現他們的過程有個缺口，你甚至還找到方法，能用比對方好百分之一的方式來經營那門生意，那就是你勝出的優勢所在。商界非常無情，你如果能無情又有競爭力，成功就不會太遠。務必謹記第一項駭客原則「主動進攻」，成敗有賴於此。

有很多資源可供你利用，網路上的資源特別多。對於能夠取得的資源，你要懂得使用並充分善用。某些類型的企業資訊，對你來說會特別具有採用價值。舉例來說，在產品與直接面對消費者（direct-to-consumer）的領域，你可能會想採用 Amazon 的亞馬遜物流（Fulfillment by Amazon，簡稱 FBA）方案，把訂單物流外包給亞馬遜，由亞馬遜的人員負責取貨與送貨。這當然不是免費，但你可以利用信譽卓著的亞馬遜宅配服務，你的經常開支費用會大幅降低。一般而言，對產品零售商來說，亞馬遜是個很好的平台，因為它無處不在。大眾已經很習慣網路購物，特別習慣在亞馬遜買東西，所以幾乎不會貨比三家，跟其他平台比價。就線上零售而言，亞馬遜有點壟斷的意味。這種情況大致上不太適合競爭，但你可以從中善加利用。

產品宅配外包，搭配產品製造外包，就是直運（drop shipping）的概念。所謂的直運，就是你販賣某個產品，但是把整個供應鏈外包出去。也就是說，你可以遠端經營。一旦公司發展穩當，就能轉成自立的型態，業主只要以最少的投入，就能讓公司繼續運作下去。這個概念也可以應用到更有創意的創業點子。近來，隨需列印服務變得很容易取得，無論是衣服、裝飾、書籍，你只要設計產品，然後利用既有的服務與基礎架構，就能把產品送到顧客手上。多虧網路提供的資源，也拜科技所賜，這類公司才更有發揮空間。

我只是舉了其中幾個例子，最終還是要由你來判斷最適合自己的業務類型。運用駭客方法的偵察與分析步驟，可以幫助你找出確切的做法，接下來，就要由你負責實踐。

重新評估

我們來看看駭客方法的最後階段，如何在商業的背景脈絡下實踐。

你可能會碰到以下情況：你決定要創立某個類型的業務，完成了偵察與分析，制定創業計畫並著手實踐，卻發現情況不如預期。你以為會成功的地方，結果沒有成功。記住，生意是一種系統，而找出系統的不同部分，以及戰勝這些部分的方式，是駭客心態的重點。此時，就是「軸轉」派上用場的時候。往後退，問問自己，該怎麼改變情況？難道是產品不對嗎？也許某些部分可以微調一下，讓產品更好。或者，你原本找出的特定解決方案，到底適不適合市場？也許你可以把解決方案的運作方式，修正得更貼近市場。

也許你的產品不符市場（產品市場媒合度），也許不符可用的平台（產品平台媒合度），也許甚至對你自己來說是不對的產品（產品創辦人媒合度）。在市場面，也許是你試著為人們解決問題或填補需求缺口時，採用的方式不太有效。站在平台的角度，務必要認知到一點：你的產品會透過 Google、X 或其他平台作為觸及群眾的主要管道，而你無法控制那些管道。那些管道會針對觸及人們的內容來制定規定，所以你必須確保產品合乎規定。只要產品適合你，那麼你可能會發現市場的缺口，並且找出方法來填補缺口。但若那不是你有信心又有熱忱的產品，你的成功機率就會很低。要讓情況變得順利，關鍵在於後退一步，看看整體局勢。

駭客方法的循環性質會帶來力量。你有機會回到偵察與分析階段，運用你的所學，進一步熟悉並修改你的策略，大幅提高成功機率。就算你的結論是「這門生意行不通」，也別忘了軸轉，充分利用這次失敗。即使當下並未達到目標，你依然會學到更多，也會有更多槓桿點可以用在下一組目標。

就算生意很成功，你還是需要重新評估。你不會想被困在實踐裡頭，失去鐘擺的彈性。要在規劃與實踐之間往返。沒錯，你開發出一門成功的生意，但那就是終點嗎？你的生意成功以後，你的目標也許會隨之改變。你可能會想拓展業務，或踏上新的商業冒險。或者你可能想賣掉你的公司，拿到一筆豐厚的資金，拿那筆錢來投資，讓自己獲得可觀又穩定的被動收入。說到底，駭客心態不僅僅是為了達到一組目標，更是為了確保你的人生一直留在你所期望的地方。

13 範例③：個人理財

談到投資及個人理財，沒有比巴菲特更好的例子。多數人認為，巴菲特的投資能力就算稱不上全球第一，至少也是名列前茅。他憑藉精明的投資法和成功的總體投資觀念，累積了鉅額財富。並不是說人人都能達到巴菲特那種程度的理財成就——假如人人都是大富豪，通膨顯然會飛漲到衝破屋頂——不過，正如我們後來所見，有些基本原則對他的成就貢獻甚多。任何人都能將那些基本原則運用在個人理財。

巴菲特不是駭客，但我們可以看出來，他的做法，還有很多成功投資人及財務經理的做法，在在呈現出駭客心態的關鍵層面。

多少錢才夠？

當你開始思考個人財務與獨立財富，第一件要考慮的事情，就是你到底需要多少錢。這是將駭客方法應用到個人財務時，在目標階段最重要的問題。清楚了解這一點，對於決定你的整體策略至關重要。

很多人落入了這樣的陷阱：以為我們從工作或事業賺到的錢很多，因為那比我們小時候父母賺到的錢還要多。我們自然而然拿父母當成基準線，畢竟父母是我們從小到大的主要參考點，往往也是他們定下了我們對人生的期望。然而，實際上，這個世界瞬息萬變，父母那一代人得以成功的環境，跟我們現在置身的環境並不相同。你一定在網路上看過這樣的迷因（meme）：嬰兒潮世代對千禧世代說：「買房子其實很容易，只要努力工作、存錢，不要花那麼多錢買酪梨醬吐司吃就行。」迷因是很好笑，卻也凸顯一個重點：當時的房價只要五萬美元，那些做法也許行得通，但在房價已經超過四十萬美元的如今，可能就行不通了。這些年來，通膨和生活成本普遍上升。我們以為很大筆的金錢，實際上並沒有那麼大的消費能力。

很絕望吧？在此，我就是要說明該怎麼做。但首先要認知到，在目前的環境下，「努力工作、賺到『像樣』的收入、存錢」是行不通的。該讓駭客心態出場了。應用駭客心態來管理財務，就能不斷以穩定的收入，來補充你從工作或事業所得的金錢，甚至可能取而代之。

一如既往，最好一開始就採取務實的做法，並且在積極理財時考量其優缺點。幸好，這方面並不麻煩，用錢賺錢總歸是個簡單明瞭的過程。必須先說，個人理財要成功，過程需要極大的耐心，沒有任何神奇公式能一夜之間把一百美元變成一百萬美元。投資帶來的鉅額收益確實會發生，但那往往是大量好運帶來的結果，而你絕對不能靠運氣。成功的長期投資策略有賴於在一開始就擬定計畫，然後長時間等待利潤累積，而且可能還要臨時調整。另一方面，你還需要嚴守紀律。人很容易被股票交易的當日沖銷可能帶來的鉅額收益吸引，如果剛好面對某些同齡人吹噓自己交易股票獲得的鉅額利潤，你就特別容易被動搖——人當然只會吹噓自己的成功，不會宣揚自己的失敗。長期來說，你只要堅持實踐合理的計畫（就算稱不上是令人激動的計畫），經濟狀況總會好轉。

過程並不難，這整件事說穿了其實就是數學，只要掌握門道，就可以仰賴系統帶來的好處。你不需要擔心，也不用時常下決策，事情會自然而然處理好。你可能需要偶爾進行調整，尤其是當你的目標有所演變的時候，但除此之外，你基本上可以輕鬆待著。做好準備，剩下的事情會自行解決。最終，你的投資會好好照顧你。

想賺錢，先有錢

眾所周知，個人財務的目標就是金錢。不過，金錢可不是個人理財的唯一目標，我們很快就會探討其他的目標。然而，金錢確實是個人理財的核心，也是我們要探討的第一個目標。你需要取得初始資金，才能讓理財長期為你工作。除非你突然收到鉅額遺產，否則資金絕大多數都是來自工作收入，不是當員工，就是當業主。在前面兩章，我已經談過在這兩種背景之下要如何大幅提高收入，但還有幾個比較籠統的要點有待探討。

第一，開源往往比節流簡單。如果你習慣花錢買奢侈品，通常很難打破這個習慣。我的意思是，如果你真的下定決心，當然做得到節流，但是十次當中有九次，你會在賺進更多金錢的同時維持支出習慣。這麼做比節流容易多了。你可以、也應該使用駭客方法來改善收入，不過，你可能也會想看看有沒有機會拓展收入來源。除了正職工作，你有沒有其他收入來源？你有沒有可以從事的副業，以賺外快？

你可以改善日常生活中的很多方面，藉此提高收入。舉例來說，你可以利用信用卡公司提供的現金回饋與獎勵方案。很多人一提到刷卡就想到破產，但實際情況才不是這樣。在不需要刷信用卡的時候刷信用卡，其實反而是相當聰明的策略；不過，前提是你每個月都全額支付卡費，不用付利息。刷卡的同時，你還可能獲得獎勵，這裡有百分之五的現金回饋、那裡有百分之四，就這樣積少成多，到處都有省錢的機會。如果你在好市多（Costco）花了一定的金額，好市多自家販售的石油就會提供折扣。當然不是叫你去好市多花一堆錢來取得折扣，但只要在採買食物和日用品時稍加留意，你可以因此省下越來越多錢。

你可能也要考量地理套利（geographic arbitrage）的可能性，也就是搬到生活成本較低的地方，這樣就能過著同樣的生活方式，同時有效減少支出。如果你從事的工作或經營的公司可以遠端工作，那麼你可以考慮搬到簽證容易取得、生活成本極低的國家。泰國和馬來西亞就是很經典的例子，有越來越多外籍人士利用這樣的情況。或者，不要像搬去國外那麼誇張的話，美國有些州不用繳所得稅，例如內華達州、華盛頓州、阿拉斯加州。美國人要是搬到前述州域，原本會進州政府金庫的錢，就可以省下來了。不過，你對於這些可能性必須讓步的地方，就是要搬家。也許搬家是個選擇，也許不是，由你決定。

你的處境可能有一些獨特的小機會可以利用。有些雇主會提供方案，在一定額度上，員工存多少錢到退休基金，雇主會同額提撥存入。如果你的雇主有這個方案，絕對不要錯過。還有一些公司會提供教育方面的福利，員工可以一邊工作、一邊接受終身學習，而且可以報銷費用，但大部分的員工都沒有利用這個方案。如果你在美國的公部門工作，還可以考慮公共服務貸款免除計畫。只要在公部門服務並償還貸款滿十年，聯邦政府會免除剩餘的學貸。機會就在我們身邊，要懂得就地取材，就像駭客懂得善用資源，利用可輕鬆取得的一切。

時間

雖然金錢是明確的最優先點，但你在設立個人理財目標時，還是要考慮其他條件。時間就是很重要的條件。說到理財，最普遍的目標就是提早退休，全然仰賴投資帶來的被動收入。

傳統退休年齡是六十五歲，但根據近來的分析，隨著住房和日常必需品成本增加，退休年齡有延後的趨勢。如今，大學畢業的年輕人很有可能七十五歲才能退休。等待的時間很長，人生中享受退休的天數比例因此減少。完全接受現況的話，就表示你可能要直到七十五歲才能退休。主動進攻就不一樣了，你可以尋找其他選擇，並追求最適合你的提早退休方案。人在臨終之際不會後悔自己沒能工作更久，令人後悔的總是生命中的其他事物。如果能提早退休，何樂不為？

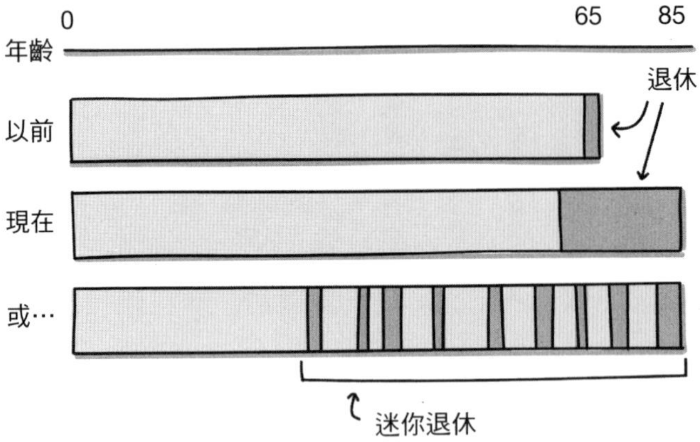

直截了當的提早退休，絕對是有效又可行的目標，但也不妨想想其他退休方案。半退休期就是其中一個選擇；在完全退休以前，花一部分時間只從事兼職工作，這樣就能提早騰出更多時間，但也意味著完全退休的時間點會往後。另一個可以考慮的可能性是迷你退休，這是提摩西·費里斯（Tim Ferriss）推廣的概念。你放下工作，暫時休息一小段時間，然後再返回職場，也許之後還會再迷你退休。兩種做法都會延後你完全退休的時間點，但好處在於你可以提早去做自己想做的事，在比較年輕的時期更自由地享受時光，也有機會從事年紀大的時候可能無法或不想做的活動。

這讓我想到時間桶（Time Bucket）的概念。所謂的時間桶，就是在人生中的某些時期，某些經驗對你來說更容易獲取且更有意義。舉例來說，如果你一直想要找時間滑雪，那麼等到七十五歲、身體條件不再適合滑雪的時候才去做，那就沒有意義了。如果你想要花一年時間環遊世界，這種嘗試顯然比較適合二十世代、三十世代、四十世代。隨著時間流逝，某些經驗會因為你年紀增長而無法實現。詳細規劃你的個人財務，確保自己不會錯過某些體驗。想不想三十歲暫時放下工作幾年、壯遊全球？那你就要提早規劃投資策略，確保自己三十歲的時候有錢可以走出去。

生活方式

你也要想想，退休後想過哪種生活，以及這一點如何影響你的投資策略。「財務獨立、提早退休」（Financial Independence, Retire Early，簡稱ＦＩＲＥ）社群的成員特別探討過這個概念，而要找出自己的財務獨立策略，關鍵在於知道自己想擁有哪一種生活方式。所以，如果你打算退休後過著節約的生活，那麼你需要投資的金額不用那麼高，這叫節約型財務獨立（Lean Financial Independence，簡稱 LeanFI）。優渥型財務獨立（FatFI）則恰好相反，如果你決定退休後要過著更奢侈的生活，那麼退休前就必須投資更大筆的金錢。

兩種策略都凸顯了「知道你想過的生活方式」非常重要，但兩者其實都並未真正描繪出聰明管理金錢的力量。為此，我們必須探討悠閒型財務獨立（CoastFI）——找出自己想退休的年齡，以及退休前需要投資的金額，以便過上想要的生活。然後，你投資必要的金額，這樣等到準備退休時，就會累積到必要的金額。後面會討論這個過程需要用到的數學運算，至於現在，我只希望你理解這種做法的力量。你可以提早存一小筆錢，在準備退休前把這筆錢拋在腦後。同時，你可以隨意花用自己賺到的錢，不必擔心要存下來，等到退休的時候用；退休要用的錢已經準備好了。不管你是想過奢侈的生活，或是想放輕鬆、不用賺那麼多錢，都要先知道自己想在何時以何種方式退休。

幸福感

最後，我們必須認知到，「幸福感」是確定目標時最重要的因素。個人財務之所以得其名是有道理的，因為它跟你個人息息相關。你可以用數學算出哪種做法最合理，但你的喜好是重要的因素，也會決定你該怎麼做。

舉例來說，我不常開車，從汽車保險的角度來看，我符合「低里程數」等級，而疫情期間，我又更少開車了。邏輯來看，我不需要擁有車子，一定要出門的時候，搭計程車或大眾運輸工具就好，這樣可能比較合理，也會省下更多錢。不過，其實我喜歡擁有自己的車子，喜歡想開車就開車，無論實際開車的時間有多少。擁有自己的車、駕駛自己的車，在數學上可能不是合理的決定，卻可以讓我感到快樂，所以我會把這件事納入個人理財策略。

大家肯定聽過「時間就是金錢」，表面上，這句話沒有不對；賺錢通常需要投入時間，雇用別人處理像是清理住家這類枯燥乏味的工作，可能會是淨效益，因為你原本用來打掃的時間可以改用來賺錢，而且賺到的錢多過於雇用清潔人員的錢。不過，我要提出更深刻的意義：時間不僅是金錢，時間更是價值。省下的時間沒必要用來彌補你花掉的金錢，因為光是有那段時間可供你運用，就已經非常寶貴了。你的生活品質會因此獲得改善。由此可見，花錢請人處理你原本可以自行處理的工作，是很合理的做法，因為拿回時間、避免你把時間花在不想做的事情上面，本身就是價值所在。

還有一個例子，可以呈現我們跟房貸的關係。對大多數人來說，房子是我們買過最昂貴的物品。房貸令人生畏，我們必須長期貸款才買得到房子，但同時，它也是個機會。假設房貸的利率是3%，而你投資的金錢能夠賺到7%的投資報酬率，那麼不要付清房貸本金、轉而投資那筆錢，才顯得合理。整體上，你扣除利息款項後會賺到4%的投資報酬率。就算房貸期限結束，你還是能輕鬆轉貸來延續這個過程。這就是理財專家所稱的「槓桿」，完全符合數學邏輯。然而，你知道自己背著那筆債，可能會覺得不自在，也許付清房貸、完全擁有房子、負債歸零，你會更有安全感。如果你喜歡這種情況，那付清房貸就是首選。你的目標取決於你的情況，唯有確定目標後，才能採取駭客方法的後續步驟。

讓市場對你有益

對個人財務進行偵察與分析，會帶來一些明確的結論。我在前面的章節暗示過，直接在證券交易所買賣股票，試圖賺取大筆利潤，充其量是個冒險之舉，絕對不是通往財務成功的可靠途徑。沒錯，是有成功的股民，但你要是去問某個股票大賺的人是怎麼做到的，那麼他很有可能會說，他很懂得預測市場走向。另一方面，如果你去問某個當日沖銷大輸一筆的人哪個地方錯了，那麼他可能會跟你說，他只是運氣不好。其實，股票交易的成敗，運氣占比太大，所以並不是穩定的策略。

在任何系統中，要彌補運氣，靠的是反覆運算。丟硬幣一次，預測到正面或反面的機率不超過五成。不過，丟硬幣一千次，你可以很有自信地說，正面會出現五百次。這種反覆運算會以分散投資的形式出現；不要把全部雞蛋都放在一個籃子裡，不要投資一支特定股票，而是投資多支股票，取得更穩定的成果。指數基金正是如此。投資的基金跟股市指數連動，比如道瓊指數（Dow Jones）或標準普爾500指數（S&P 500），會自動投資那些在前述指數上市的企業股票。

指數基金就是分散投資。你可能聽過投資迷一再重複這句座右銘：「分散投資，分散投資！」這其實真的是很好的投資建議，因為分散的投資組合，意味著你沒有把全部雞蛋都放在同一個籃子裡。一支股票下跌，另一支股票可能上漲。我提到的指數會追蹤市場上幾家大企業的股票，但還有其他指數會追蹤整個美國股市，有些甚至會追蹤全球各地股市。你可以利用這種分散的投資組合，年復一年獲得穩定的投資報酬率。指數基金跟市場連動，漲跌跟隨經濟情況的好壞，長期來說，美國股市指數每年平均投報率是10%，平均通膨率是3%，修正後就有一年約7%的實質利潤。由此可見，指數基金是完美的理財手段。

本章開頭提到了巴菲特這位成功的投資人。二〇一七年，巴菲特對指數基金表示支持，他這麼說：「當數兆美元是由索取高額費用的華爾街人負責管理，得到鉅額利潤的往往是經理人，不是客戶。大小投資人都應該堅持投資低成本的指數基金。」他提出的論點非常中肯。證券交易員和基金經理人代表客戶積極買賣股票，無論股票交易成功與否，他們都會從中賺到錢。並不是說他們沒有賺取利潤的動機，他們確實有動機；他們為客戶賺到越多利潤，自己就會賺到更多錢。但不論成敗，他們終究會賺到錢。這種情況下，是他們的客戶在承擔全部風險。然而，若是指數基金，風險就極低。而由於大多數的指數基金並不是主動式管理，因此費用也極低。

複利的力量

就現在來說，7%的投資報酬率看起來可能不高。舉例來說，如果你投入一千美元，一年後會拿到七十美元的收益。我知道，這金額不大，不值得小題大作。然而，隔年你會有一千〇七十美元的投資金額，而收益會是七十四・九美元。金額還是不大，但確實變多了。再隔一年，你的收益再度增加至八十・一四美元。每年不僅利潤增加，增加的金額也會增加，這就是複利效應，基本上是跟指數成長採同樣的數學運算。如今，當我們說某件事呈現「指數級增長」，通常只是在說它成長得非常快，但實際情況其實更複雜。指數增長一開始通常相當緩

巴菲特的年齡 vs 淨值

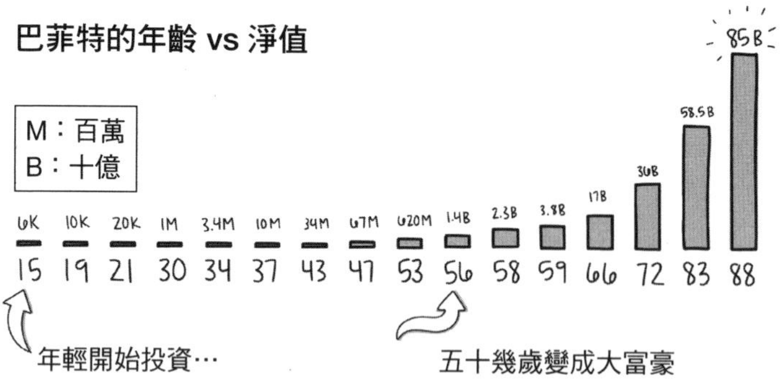

慢，但是只要有所增長，速度就會加快，所以一旦增長就確實會繼續增長。複利也是同樣的道理。

這些情況凸顯了一個要點：市場上，時間就是關鍵。聰明理財的重點，就是確保你的財富能在長期上可靠成長。巴菲特是最成功的理財投資人，但他一直到五十幾歲才成為富豪。其實，如果用圖表畫出他在這段時間的淨值，看起來幾乎像是指數增長圖，一開始緩慢增長，後來才飛快增長。

計算複利的數學，是很簡單的公式，但算起來有點繁瑣。「72 法則」是個不錯的捷徑，也就是：72 除以利率＝投資金額翻倍約略需要的時間。所以，如果你的投資報酬率是每年

7%，72 除以 7 等於 10 點多，即你的投資金額要翻倍，大約需要十年的時間。十年後，一千美元的投資金額會價值兩千美元，五十年後會價值約三萬兩千美元。當然，你一開始投入的金額越多，等金額增長後就會得到越多，而且你隨時都可以提高投資金額。

如何依靠你的財富過活

由此可見，複利的力量會幫助你增加財富，但重點不只是擁有金錢本身，你終究還是會想花錢。目標在於無論如何都能放下工作，仰賴你的資產過活。答案是：在退休時計畫要花哪些錢，同時確保有足夠的錢繼續投資。德州三一大學引領的研究，對你從投資組合中提領的金額進行了判定。該項研究得出結論，4%是「安全提領率」。如果你每年從總投資金額當中提領 4%，那麼你還會有足夠的金額留給投資，足以對抗市場波動，並持續增長，領先通膨率。你可以年復一年持續仰賴這 4%的提領率。

你的退休生活

25 法則…　　4% 法則

你需要投資的金額	如果你想得到這個金額		
	每天	每個月	每年
$2,500,000	$274	$8,333	$100,000
$2,250,000	$247	$7,500	$90,000
$2,000,000	$219	$6,667	$80,000
$1,750,000	$192	$5,833	$70,000
$1,500,000	$164	$5,000	$60,000
$1,250,000	$137	$4,167	$50,000
$1,000,000	$110	$3,333	$40,000
$750,000	$82	$2,500	$30,000
$500,000	$55	$1,667	$20,000
$250,000	$27	$833	$10,000

由 4% 安全提領率的結論，可以推論出 25 法則。無論你退休期間想要領取多少錢花用，只要把那個數字乘以 25，就會得出維持那樣的收入所需要投資的金額。此時就要運用節約型財務獨立和優渥型財務獨立的概念，先決定你想要維持的生活方式需要多少錢，然後計算你需要存多少錢才能辦到。

把這些搭配複利的 72 法則，就可以算出你退休前需要做什麼事。首先，你要算出退休期間需要的年收入類型。你要削減開支嗎？還是想過奢侈的生活？那需要花多少錢？把那筆錢乘以 25，就會得出退休需要的金額。接著，決定你何時想要退休，這樣就知道你有多少時間可以存到那筆金額。使用 72 法則（如果想要更精確，可以使用實際的複利公式或線上計算機），可以算出你需要投資多少錢，才能在正確的時間存到那個數字。

舉例來說，假設你希望退休期間的收入是一年三萬美元，而你想在三十年後退休，三萬美元乘以 25 是七十五萬美元，意思是你有三十年的時間可以存到這個數字。使用 72 法則的話，你會知道投資指數基金的報酬率是一年 7％左右，也就是說，你的資金大概每十年會翻倍。三十年是三個十年，所以把七十五萬美元除以二，除三次就是九萬三千七百五十美元，這就是你今天需要投資的金額。從今天開始，三十年後才能達到目標七十五萬美元。如果你手邊已經有這筆錢，可以立即著手進行，那就太好了，這種情況我們稱之為「悠閒型財務獨立」。你完成計算，以正確的金額投資，做好退休準備。如果你還沒有一筆可以投資的錢，那麼你可以把這個當成目標。你需要錢來賺錢，前述建議都很適合用來產出投資所需的錢。

我在第 5 章曾經提過錢鬍子先生，他算出自己需要從收入中存下多少錢，才能在多少年後退休。這些數學計算恰好支持他的算法。不過，他還加上了「持續投資」的因素。他不是只看重在某個時間點投資一定金額，然後把其餘的事情全留給複利搞定，而是考慮把一定比例的收入用在持續的存款與投資上。這種方式加上複利效應，他就可以更快退休。他因此得出結論，把五成的收入存下來，並投資可靠的指數基金，只要十七年就能退休（請見左頁的表格）。

這跟駭客方法的實踐階段有關，實際情況要看你在目標、偵察、分析階段得出什麼結論。實踐有可能只是把一大筆資金投入指數基金，然後耐心等待；如果你決定踏上悠閒型財務獨立之路，可能就會這樣做。不過，如果你決定採取更積極的理財計畫，就需要堅持得夠久，讓數學去處理它。現在剛好很適合回顧「勇氣」這項駭客特性。如果你跟錢鬍子先生一樣，決定投資五成的收入，那就不得不接受這個事實：有好一陣子，你賺到的錢只有五成可以花用，甚至在得到回報以前，你都必須堅持這項策略。

儲蓄率（%）	退休前的工作年資
5	66
10	51
15	43
20	37
25	32
30	28
35	25
40	22
45	19
50	17
55	14.5
60	12.5
65	10.5
70	8.5
75	7
80	5.5
85	4
90	<3
95	<2
100	ZERO

重新評估

你定下目標，也知道自己何時想退休、想擁有哪一種收入等級，你完成了所有的數學計算，算出自己何時需要投資多少錢，並且把投資計畫付諸行動。你可以坐下來，讓一切自行解決。你很有可能從來不做任何調整，倚靠最初的計畫，但也必須認知到目標可能會改變。

舉個例子，25法則和4%安全提領率都是基於這個概念：你投資的資本要永遠領先通膨。

我不想太過消極，但其實沒有人可以永遠活著。財富當然好，但你帶不走。永遠維持這筆資本的想法不太合理，所以你可能會希望提高退休期間的提領率。這筆錢最後會用光，但你可以在在世期間更充分利用這筆錢。當然，你也許會有孩子，並且想確保自己去世後，這筆財富可以留給孩子繼承。也許你定下目標和理財計畫時，是依照將來有孩子的情況進行規劃，但後來你決定不要有孩子。也許情況正好相反，你可能從來不認為自己會當父母，幾年後卻有了孩子。也許是截然不同的情況，例如你原本規劃節約型的退休生活，之後卻更喜歡奢侈一點的生活方式。

這些決定都會改變你的目標，而你的投資策略也應該因應調整。你要不時往後退一步來審視整理，也許每五年審視一次，或者出現人生大事的時候，例如結婚或移民。你的理財目標是否仍跟你想要的事物一致？如果不一致，應該怎麼調整？一旦你回答了這些問題，接下來只要檢討數學計畫，看看需要進行哪些調整，才能確保無論發生什麼事，你邁向財務自由的途徑都安全無虞。

結語

這個世界需要更多駭客

閱讀本書的過程，我們共同經歷了一段相當精彩的旅程。

我們看到駭客如何利用系統，來達成想要的結果，學習如何把這種做法應用到人生中的各個層面。我們探討了駭客心態與懶鬼心態的差別，明白懶鬼心態不僅是缺乏實踐，更是缺乏規劃所致。我們闡述了鐘擺的概念，並且在後續幾章頻繁回顧，證明了落實駭客心態即是在規劃與實踐之間擺盪，維持完美的平衡。

我們也認識了駭客具有的特性。我們知道，駭客會表現出好奇心，嘗試新事物，會在自己做的事情上面維持動力，力求持續改善。駭客會有勇氣去冒險，展現出毅力，在面對逆境時持續前行。駭客還會採取務實的做法，認知到什麼做得到、什麼做不到，並努力達到高效率，確保自己以最少的努力或成本，得到最大的好處。我們也看到不同的特性如何組合起來，形成超級特性。

我們深入剖析駭客原則。原則一，我們探討了主動進攻的重要性，這樣才能推動你想看見的改變，進而達到目標，也認知到主動進攻不代表有攻擊性。原則二，我們探討了逆向工程的概念，更明白分析並挑戰既有系統的極限，會如何帶來優勢，有利於戰勝系統。第三項原則帶領我們熟悉就地取材的概念，理解周遭有很多可輕易取得的資源，而如何利用那些資源，是運用駭客心態達到目標的關鍵。第四個原則關乎風險判定，我們談到如何計算期望值，並考量各種方案，權衡成本與收益的平衡。原則五，我們探討了社交工程的概念，以及利用人類的互動與期望何以是關鍵，可以讓系統對你有所助益。第六個原則，我們強調了軸轉的重要性，也就是能夠在碰到出乎意料的情況，靈活修改你的計畫，同時確保利用過程取得的任何槓桿點。

然後，我們來到本書的關鍵要點——駭客方法。這個過程清楚解釋了我們如何以系統化的方式，應用所有特性與原則。首先是確立目標，判斷你到底想要達到什麼，無論是微觀還是宏觀的層次。接著，你會展開偵察，收集相關系統的資訊，並學習所需的一切，然後進行分析，處理你收集到的資訊，釐清你到底要採取什麼樣的計畫。接下來，你會把計畫付諸行動，確保自己不會偏向鐘擺的規劃面。駭客方法最後、也最重要的步驟是重新評估，也就是整體評估計畫運作得是否順利、是否需要任何調整，以及你的目標是否可能改變。同時，你也要思考這個計畫是否已經算成功、是否該進行下一個計畫。駭客方法的最後一個步驟會帶你回到第一個步驟，這就是駭客方法的循環性質。

確立駭客方法後，我們還探討了幾個特定的例子，呈現駭客方法如何在你的生活中發揮作用。像是駭客心態如何應用到你的職涯、如何增加你的收入、如何幫助你升遷和加薪，以及如何在最初拿到理想的工作。我們也探討了駭客心態如何應用在商業層面，藉此找出最適合自己的業務類型，並且大幅提高創業成功的機率。最後，我們談到個人財務，還有駭客心態如何幫助你在想退休時退休，享有財務自由，過你渴望的生活。

這些只是其中幾個例子，讓你熟悉駭客心態實際運作的方式，其他的應用幾乎無以計數。教育就是一種可以破解的系統，如果你想要提升你的分數，或純粹是基於想學習而想學得更多，那麼你可以隨時運用駭客心態。也許你只是想在生活中提高整體生產力，那麼運用駭客心態就能達成。就連約會也是一種系統，如果你想要改善感情生活，秉持駭客心態來應對就行了。這些只是九牛一毛，外面還有數不清的可能性。

正是最需要駭客的時候

我們目前居處的世界，有太多人把自己當成巨大機器裡的齒輪。有些人從不提問、只接受現況，有些人安分過著目前的生活，因為這樣雖不完美，卻「夠好了」。有些人會察覺自己沒有達到某些目標，有些人覺得自己被困在工作裡，無法看清系統，不曉得該怎麼戰勝它。這些年來，企業日益壯大、愈趨精明、更為無情，大型企業甚至懂得利用系統，其背後的動力基本上就是利潤，而非相關人員的福祉。企業喜歡設立複雜的系統，其中充滿有如機械般自動做事的人員，毫無疑問地履行自己的角色，為企業利益行事。社會本身也是如此——當你安分、毫無疑問地按照規定做事，獲益的只有高層，不會是你。駭客心態可以改變這個局面。

我們需要更多人為自己的命運擔起責任。我們需要更多人停止隨波逐流，不再只是接受現況，不再為了別人的事情賣力。我絕對不是看不起這樣的人——我自己就曾是其中一個——但我真的認為，如果有更多人掙脫這些系統，努力邁向自己的抱負和目標，這個世界會成為一個更好的地方。這才是《系統之鬼》肩負的使命。

駭客心態促成了平等。掙脫系統，並讓系統為我們運作，就能拿回我們的力量，朝著更平衡的社會邁進。

本書只是個開端。我闡述了駭客心態，解釋了原則與方法，但你才是應用它們、付諸行動的人。無論你是用於工作、商業抱負或個人財務，或者你的整體生產力、感情生活……其他我連想都沒想過的數百種情況，請發揮駭客級的好奇心與勇氣，挑戰周遭系統的界限，以及駭客心態本身的界限，構思出全新的創意方法。我想，你可以順利達到所有目標。

走吧，去大駭一場。

謝辭

由衷感謝我的團隊、朋友和家人，在我撰寫本書的過程給予那麼多支持。你們都很了不起。愛你們，希望很快再見到你們。

Hasan Kubba、Hussain Ajina、Ash Ali、Jason Bartholomew、Matt Holt、Katie Dickman、Alex Chaveriat、Matt Mullins、Todd Brison、John Pingelton、Trudi Affield、Liz Wanic、Joe Grand、yaxis、Stephen Thomas、Lee Anderson、Kurt Grutzmacher、Peter Kim、Marten Mickos。

Rusty Huber、Troy Brown、Justin Trujilo、Joshua Marpet、Mike McPherson、May McDonough、Marv White、Jacque Blanchard、E Pierce、Andrew Shumate、Jim Hofstee、Gr3y R0n1n、Sam Estrella、Renee Alderman、Kevin Sugihara、Rachel Sugihara、Jim McMurry、Dragos Ruiu、Russ Bodnyk、Jeremiah Grossman、Zach

Lanier、Willo Sana、Gresham Lochner、Tynan、Pamela Narowski、Andrew Hutton、Rahul Brahmbhatt、Alma Lugtu、Jordan Grumet、Gwen Merz、Amberly Grant、Travis Marziani、Andrew Youderian、Ali Abdaal、Ian Schoen、Andrew Barry、Marie Poulin、Robbie Crabtree。

Stephen Cospolich、Devin Ertel、Allison Wikoff、Miles Tracy、Seth Bromberger、Jimmy Dang、Charles Tsai、Kevin Luke、Adrian Holguin、Jia Ye、Nick Baronian、Pieralberto Deganello、Nick Stanescu、Joe Leonard、Jeremy Brotherton、Gerry Collins、Matt Schlereth、Joonho Lee、Jeremy Schley、Anthony Grandle、Kevin Bang、Dave Kennedy、Shannon Morse、Jason Blanchard、Darren Kitchen。

國家圖書館出版品預行編目資料

系統之鬼：頂尖駭客 CEO 戰勝系統的 6 大原則，帶你突破常規，收穫人生選擇自由／加勒特．吉 (Garrett Gee) 著；姚怡平譯 . -- 臺北市：三采文化股份有限公司 , 2025.04
面；　公分 . -- (Trend；85)
譯自：The Hacker Mindset：A 5-Step Methodology for Cracking the System and Achieving Your Dreams
ISBN 978-626-358-634-5(平裝)

1.CST：成功法 2.CST：生活指導 3.CST：思維方法

177.2　　　　114001895

suncolor 三采文化

TREND 85

系統之鬼

頂尖駭客 CEO 戰勝系統的 6 大原則，帶你突破常規，收穫人生選擇自由

作者｜加勒特．吉（Garrett Gee）　翻譯｜姚怡平
編輯三部 總編輯｜喬郁珊　責任編輯｜吳佳錡　校對｜黃薇霓
美術主編｜藍秀婷　書封設計｜莊馥如　內頁編排｜顏麟驊　版權副理｜杜曉涵

發行人｜張輝明　總編輯長｜曾雅青　發行所｜三采文化股份有限公司
地址｜台北市內湖區瑞光路 513 巷 33 號 8 樓
傳訊｜TEL: (02) 8797-1234　FAX: (02) 8797-1688　網址｜www.suncolor.com.tw
郵政劃撥｜帳號：14319060　戶名：三采文化股份有限公司
本版發行｜ 2025 年 5 月 29 日　定價｜ NT$400

suncolor